14 de abril

Paco Cerdà
14 de abril

II Premio de No Ficción Libros del Asteroide

Libros del Asteroide

En enero de 2022, un jurado compuesto por Jordi Amat, Daniel Capó,
Daniel Gascón, Leila Guerriero y el editor Luis Solano otorgó el
II Premio de No Ficción Libros del Asteroide al proyecto
«14 de abril» de Paco Cerdà.

Primera edición, 2022
Séptima reimpresión, 2025

Queda rigurosamente prohibida, sin la autorización
escrita de los titulares del *copyright*, bajo
las sanciones establecidas en las leyes, la reproducción
total o parcial de esta obra por cualquier medio
o procedimiento, incluidos la reprografía
y el tratamiento informático, y la distribución
de ejemplares mediante alquiler o préstamo públicos.

© Paco Cerdà, 2022
© de esta edición, Libros del Asteroide S.L.U.

Fotografía de cubierta: Kati Horna
España. Ministerio de Cultura y Deporte. Centro Documental de la Memoria
Histórica. FOTOGRAFÍAS-KATI_HORNA, FOTO. 220

Fotografía del autor: Marga Ferrer

Publicado por Libros del Asteroide S.L.U.
Santaló, 11, 3.º 1.ª
08021 Barcelona
España
www.librosdelasteroide.com

ISBN: 978-84-19089-23-6
Depósito legal: B. 15267-2022
Impreso por Liberdúplex
Impreso en España - Printed in Spain
Diseño de colección: Enric Jardí
Diseño de cubierta: Duró

Este libro ha sido impreso con un papel ahuesado,
neutro y satinado de ochenta gramos, procedente de bosques
correctamente gestionados y con celulosa 100 % libre de cloro,
y ha sido compaginado con la tipografía Sabon en cuerpo 11.

Lo que ocurre cada día y vuelve cada día,
lo trivial, lo cotidiano, lo evidente, lo común,
lo ordinario, lo infraordinario,
el ruido de fondo, lo habitual,
¿cómo dar cuenta de ello,
cómo interrogarlo,
cómo describirlo?

GEORGES PEREC, *Lo infraordinario*

Método de este trabajo: montaje literario.
No tengo nada que decir. Solo que mostrar.

WALTER BENJAMIN, *Libro de los pasajes*

Prima
[6 — 9 н]

Emilio

Acabas de morir.

Nadie lo sabe, Emilio, pero tú estás muerto.

No lo sabe Visitación, que andará dormida en casa. No lo saben tus hijos, dos niños y una niña ya sin padre nuestro. No lo sabe tu madre anciana en este silencio quebradizo que anuncia la aurora. No lo sabe tu cuñado. Él fue quien te sumó anoche a la manifestación.

No tenías sueño y fuiste al cine. La película era mejor que la del pobre encuadernador en paro con los cincuenta recién cumplidos que cada día proyecta el espejo. Salías del teatro, luna nueva en el cielo de Madrid, y esa marea humana te sorprendió. Vivas ardorosos. Vivas enardecidos. Gargantas henchidas de fe. Entre ellas, la de tu cuñado.

Estaba en el Círculo Republicano cuando los manifestantes irrumpieron, pidieron una bandera tricolor y la ataron a un palo. Hamelín ya tenía flauta. Y la gente, tu cuñado también, siguió a la flauta.

Como en toda película, se lo advertiste: No te metas en líos y vete a dormir. Es la frase del secundario que va a morir. Cómo pudiste no darte cuenta. Tu cuñado cumplió el guion: No pasa nada. Vete tú, que tendrás que madrugar. La escena, con la Puerta del Sol en ebullición, no podía quedar así. Pedía más. La historia siempre pide más. Y tú, obrero con cara de obrero, pelo oscuro y corto, negros ojos abrigados por la espesura de las cejas, un bigote largo y recto que domina entero el rostro, estuviste a la altura, con la frase perfecta, la última de tu papel. No, yo no te dejo solo.

Hamelín, la marabunta y tú: Emilio Arauzo Honorio.

Por la calle de Alcalá todo parece posible. En el paseo de Recoletos sucede lo impensable. Los guardias civiles, jorobados y nocturnos en la noche nochera, salen al paso. Los manifestantes siguen a Hamelín. Súbitamente, las jorobas se aplanan y los rostros se abultan, negro eclipse de máuser. Tercos fusiles agudos por toda la noche suenan. La gente chilla y corre dispersa, cuadro viviente de Genovés. Se resguardan. Se echan al suelo. Reptan para abandonar la escena, donde quedan huérfanas boinas, sombreros, gabardinas, un abrigo ensangrentado. Y heridos. Muchos heridos. Todos tienen algo en común que los separa de ti: ellos sobrevivirán, tú no.

Una bala te ha entrado por la espalda y ha salido por tu vientre. Tienes otro balazo en la mano derecha. La sangre es escandalosa sobre la camisa blanca. Las curas de urgencia en la clínica de la calle Tamayo no bastan. El traslado al Equipo Quirúrgico del distrito Centro sirve para que un fotógrafo te retrate con vida por última vez. Los doctores Villa y Rodríguez Ortega, y otros tres espectadores, comparten esta amarga lección de anatomía. Todos te rodean. Nadie mira a la cámara. No hay de qué sonreír. Te vas apagando en posición yacente mientras te sujetan la cabeza. Cuatro personas miran el orificio de la espalda. La otra, con bata blanca salpicada de rojo, aparta su vista hacia abajo, fuera de campo, como intuyendo tu final. Un cristo crucificado preside agónicamente la sala. Tu rictus lo imita y se va mortificando. Eres el único que mira a cámara: ojos entreabiertos, rostro exhausto, boca subsumida bajo el bigote.

Así te consumes antes de que den las seis. Tu cuñado, que te perdió con los disparos, anda buscándote por todas las casas de socorro. No ha ingresado ningún Emilio y eso lo ha calmado. Aún no ha leído tu nombre en el periódico de la mañana, que narra la batalla campal de anoche y nombra a los heridos. Aún no sabe que has muerto. Aún no ha tenido que ir a casa de su hermana para anunciarle tu muerte, y es así como empieza el día para Visitación y sus tres hijos.

No pasa nada. Eso te dijo hace un rato tu cuñado. Ahora tú te enfrías en el oscuro depósito de cadáveres sin que nadie te vele. Nadie lo sabe, Emilio, pero tú estás muerto. Es más: a casi nadie le importa. Y mientras tu cuerpo se va enfriando, Hamelín ya está haciendo sonar la flauta para que todo Madrid conozca lo sucedido. La represión sangrienta. El enésimo abuso al pueblo. Un pobre obrero asesinado. Hamelín toca, Hamelín no para de tocar. Para que la rabia crezca. Para que la marabunta engrose. Para que su flauta arrastre al Ulises colectivo en esta Odisea de una jornada.

Va a empezar el martes 14 de abril de 1931. En los conventos ya preparan el Libro del Apocalipsis para leerlo este domingo. Cada hora de la liturgia anunciará el fin del mundo. Reyes, tronos, fuego, azufre, bestias, esclavos, muertos. Eso ocurre hoy: un mundo se extingue, una dinastía agoniza, unas vidas se apagan. La tuya, Emilio, es la primera. Descansa en paz.

Ya cabalgan los jinetes por la gran Babilonia.

El día va a comenzar.

Las sombras se adelantan al amanecer. Se levantan de la cama, salen de casa, doblan esquinas, llaman a puertas, vagan en la oscuridad. Solo son sombras. Todo empieza así.

Bajo los soportales ennegrecidos de la plaza Alfonso XIII, un grupo de hombres se arremolina inquieto. Hace dos días fueron elegidos concejales de Eibar en las elecciones municipales que han sacudido el país. Hoy han sido convocados, de madrugada, a la casa consistorial. No saben qué va a pasar. Casi todo empieza así.

Las sombras han ido atrayendo a más sombras, gatos en el misterio de la madrugada. La negrura desdibuja el perfil de los montes que hunden a la ciudad en este valle angosto, como un canasto verde y foliáceo mecido por el húmedo rumor del río Ego. Las sombras se multiplican.

Uno a uno, los concejales suben las escaleras y toman asiento en el salón de plenos. Alejandro, Domingo, Juan, Eulogio, Martín, José María, José, dos Florentinos, Gregorio, Félix, Esteban, Cándido, Marcelino, Mateo, Miguel, dos Jacintos. Joaquín acudirá después. Son las seis de la mañana. La sesión ha comenzado.

Lo primero que hacen es descolgar el retrato del rey. Ese rey nacido rey por la gracia de Dios, de mirada triste y frente ancha, con la pechera alanceada de cuantos atributos puedan realzar la diferencia entre él —de nombre Alfonso León Fernando María Santiago Isidro Pascual Antón— y estos nombres vulgares, sin apellido memorable ni número romano detrás.

Toma la palabra Alejandro. Pequeño, rechoncho, chato; con bigote, cejas arqueadas y ojos despiertos. Todos lo conocen. Ya fue alcalde durante un año. Alkate txikixa, lo llamaban: el alcalde pequeño. Fue destituido por alentar la sedición obrera entre las huelgas y manifestaciones que convulsionaban Eibar, corazón de hierro industrial, pulmón del obrerismo vasco, cuna del cooperativismo sin patrono, ciudad armera siempre presta a desenfundar.

Alkate txikixa era incómodo. Ahora regresa al ágora municipal y toma la palabra, la palabra que un consejo de guerra quiso prohibirle una década atrás. Alkate txikixa toma la palabra y anuncia que hay noticias de la abdicación del rey debido al resultado de las elecciones municipales del domingo, con amplia victoria de las candidaturas republicanas en todas las grandes ciudades. Es el triste epílogo a la dictadura, dice Alkate txikixa, y el amanecer de la República española, a la que el Ayuntamiento de Eibar reconoce y se subordina.

No sabe que está mintiendo, pues el rey no ha abdicado.

No sabe que está arriesgando, pues nada ha alboreado.

Tal vez todo ha sido fruto de la confusión. Por ese emisario donostiarra que de madrugada les ha conminado a preparar la república y el concejal De los Toyos ha entendido a proclamar la república. Por esos camioneros que transportaban pescado y que, a su paso por Eibar, han anunciado la proclamación de la república en otros lugares, precipitando así los acontecimientos. Quién sabe.

Poco importa ahora, cuando la corporación recién constituida se asoma a la balconada consistorial. Faltan quince minutos para las siete de la mañana en el reloj municipal. Un enorme gentío atesta la plaza, con la piedra y los rostros acariciados por la primera luz del alba. Gente de pie en los bancos. Gente abrazada a los árboles. Gente asida a banderas ondeantes. Hoy los niños tienen chocolate para desayunar. Salvador no ha ido a la escuela, pues su clarinete en la banda municipal ha de estar listo para sonar. Ya no hay sombras, no hay silencio. Solo gente, mucha gente, y un deseo: que pase algo. Y es la espera lo que solemniza el acto. Y es la ilusión incubada lo que le da significado.

Desde el balcón, Juan de los Toyos proclama la república a viva voz y los vivas le responden, puro eco ideológico. Mateo Careaga, grabador hijo de grabador y concejal más joven de la corporación, debe de estar nervioso. Nunca nadie ha visto flamear esa bandera en lo alto de una institución. Casi nadie lo ha creído siquiera posible, manzana prohibida durante medio siglo.

Qué sienten esos eibarreses de puño y hierro cuando Mateo desliza sus manos e iza al viento la primera bandera del amanecer.

La cárcel de Jaca encierra toda la lobreguez que son capaces de apresar estos muros, tan cercanos a los Pirineos. Hay cinco presos por celda, vigilados todos por unos centinelas a las órdenes de don Francisco, jefe de la prisión. Clarea el día como se consumió la noche: en medio de una excitación contagiosa, con la maleta de Garrido preparada y una pregunta taladrando cada mente: qué pasará.

Han transcurrido cuatro meses desde la sublevación militar de diciembre que encabezaron los capitanes Fermín Galán y Ángel García Hernández. Querían tumbar el gobierno dictablando del general Berenguer y destronar a Alfonso XIII desde aquí, desde Jaca: una guarnición con tres cuarteles militares para defender la frontera con Francia; una ciudad con el obispo proyectando su mitra sobre la urbe desde hace mil años; una sociedad agraria harta ya de tanta desigualdad. Querían los capitanes y sin miedo se lanzaron. Pero esa república que madrugó en los cuarteles, que fue proclamada en el balcón consistorial con bandera tricolor y un efímero alcalde republicano, esa república pionera y decidida que avanzaba en dos columnas milicianas para tomar Huesca y revolucionar España entera, esa república solo duró un día. Los capitanes Galán y García Hernández duraron dos, fusilados por consejo de guerra sumarísimo y con un vivalarepública agónico en boca de Galán mientras caía desplomado y su sangre irrigaba la tierra.

A las ocho de esta mañana, por el altavoz de la prisión ha sonado el diario hablado de Unión Radio. Demasiada quietud en la voz del locutor. Muchos reclusos colaboraron con el levantamiento del 12 de diciembre. Ahora penan dentro de esta fría Torre de la Cárcel que se yergue en el centro de la ciudad, con el doblar de sus campanas como sismógrafo emocional de una vida serena de provincias. Donde la Historia pasa de largo o tiene parada fugaz, como el tren canfranero que trepa y se enrisca por estas laderas verdes y montuosas. Pero la calma se quebró en invierno. El pronunciamiento frustrado ha atestado la prisión.

Unos ochenta militares y más de cincuenta civiles aguardan allí a conocer su suerte. Un consejo de guerra, previsto para la primera quincena de mayo, pende sobre todos ellos. El fiscal pide pena de reclusión perpetua a muerte. Es el precio de la rebelión militar.

Hay que imaginar sus rostros, conscientes de lo poco que valen sus vidas, si es que alguna vez valieron algo. Surcos de miedo, de arrepentimiento, de resignación. Ese porqué sin respuesta que aguijonea de noche y ya van más de cien encerrados aquí mientras afuera, en el bar de Laín, continúa el tintineo de copas y tazas entre los parroquianos de izquierdas. Cien noches encerrados en estas humedades umbrosas mientras los otros jóvenes, los que no escriben la Historia, los que simplemente la sufren o la gozan o la vadean sin mojarse los bajos del pantalón, siguen bailando en El Fado y dejando las mayúsculas para espíritus soñadores.

Qué pasará. Y es la duda lo que martillea. Y es la esperanza lo que hace resistir. Qué pasará.

Eso es lo que todos se preguntan después de las elecciones municipales del domingo y el triunfo republicano. Ayer, los presos se pasaron el día sobresaltados. A las seis de la tarde, Radio Toulouse daba por hecho que el rey iba a abandonar España y que la república se estaba proclamando en algunas ciudades. Los rumores de Madrid hablaban de una posible dictadura militar. *La Marsellesa* sonaba en un café de Zaragoza y los presos de Jaca la escuchaban a través del teléfono que sujetaba un camarero. Garrido fue a hacerse la maleta. Por si acaso.

En estas primeras horas del martes, sus caras deben de ser de tensión. Se juegan la libertad inmediata o toda una vida entre rejas. Y eso es justo lo que no quiere l'Esquinazau. Así llaman a ese hombre de treinta y cuatro años con la libertad cincelada en la mirada. Ha luchado en México con Los Dorados de Pancho Villa. Ha sido leñador en Canadá. Se ha arrastrado por el fango de las trincheras de Nancy en la Gran Guerra como voluntario de la infantería americana. Se ha dedicado al contrabando y ha tenido que huir de España varias veces hacia Francia y Argentina. Con ese historial aventurero, y afiliado a Acción Republicana, cómo no iba a aceptar la petición de los sublevados de Jaca: hacer de chófer para el capitán Galán en la sublevación fallida de diciembre. Por eso está aquí encerrado Antonio Beltrán, alias *l'Esquinazau*.

Cerca de él anda Alfonso Rodríguez, *el Relojero*, anfitrión de numerosas reuniones conspirativas en su tienda de relojes; el hombre que el día de la sublevación, al acabar el *Himno de Riego*, leyó en la plaza ese bando con artículo único que decía así: Todo aquel que se oponga de palabra o por escrito, que conspire o haga armas contra la República naciente, será fusilado sin formación de causa. Junto a ellos merodea Julián Borderas, *el Sastre*, otro imprescindible de esa insurrección fracasada que les ha llevado tras los muros de la cárcel. Y Lorenzo y Aurelio y Valeriano y Florencio y Crescencio y Victoriano y varias docenas más. Nadie sabe qué pasará ahora que clarea el día y reverberan las campanas en la Jaca antigua y episcopal, provinciana y militar. La duda reconcome y atormenta. La esperanza es una maleta.

La calle Lisboa es estrecha, y el número ocho, con su portalón burgués de hierro, se encajona aún más a la vera del parque del Oeste de Madrid. Adentro se esconde un fugitivo. Cuatro meses clandestino. El piso entresuelo está arrendado a nombre de un amigo médico. Hay un falso cartel de Consultorio para que el torrente de visitas no llame la atención. Quien allí pasa consulta es Alejandro Lerroux.

Sesenta y siete años parecen demasiados para esta vida furtiva: cambiando de residencia cada semana, sin pisar la calle salvo en los contados paseos nocturnos, paseos sigilosos bajo un manto de estrellas que traen la luz de un pasado ya extinguido, secretos paseos dominados por una ambición reflejada en estos ojos acuosos, vivos, indescifrables.

La mañana del martes levanta límpida y abrileña. Una más. O no. En eso piensa desde que se escondió para evitar la cárcel. Uno a uno fueron cayendo presos sus compañeros del comité revolucionario aquel domingo de hace cuatro meses, cuando Galán y García Hernández eran fusilados junto a las tapias del polvorín de Fornillos.

Aquel domingo sangriento, una redada policial los fue metiendo en la cárcel uno a uno. A Niceto Alcalá-Zamora los policías le permitieron desayunar, afeitarse y oír misa en San Fermín: podéis ir en paz a la Modelo con Miguel Maura, De los Ríos, Largo Caballero, Galarza, Casares Quiroga, Giral y Albornoz. Prieto y Domingo han huido a Francia. Toda la plana mayor republicana encarcelada. Pero Lerroux se ha escondido y sirve de enlace con el Gobierno provisional de la República que se configuró en verano y que trabaja, maniobra y confabula para la revolución que ha de venir.

Como un castor, Lerroux defiende a muerte su territorio. Se hunde en su madriguera inexpugnable, confía en su gran olfato, aguza el oído. Así se ha ganado al obrerismo, al anticlericalismo, al anticatalanismo y a todos los ismos que a cada momento le han ido conviniendo. El partido republicano que acaudilla no podía tener otro apellido: Radical.

Su guarida es este falso consultorio de la calle Lisboa. Como la República misma, el castor —de bigote inglés, tupido en el centro y con enhiestas puntas en los extremos— aguarda su momento. Como la República, el castor —personalista, populista y de una agresividad que antes le ha llevado a la cárcel y al exilio— no sabe cuándo podrá ver la luz.

Ahora está agitado. Son casi las nueve. Los periódicos de la mañana ya han salido. Nadie puede dudar hoy de que España es republicana, que ha triunfado la República. Eso dice *El Liberal*. Algunos editoriales se parecen a ese manifiesto revolucionario colectivo de diciembre que ha salido de su mano. Venimos —ha escrito esa mano— a derribar la fortaleza en que se ha encastillado el poder personal, a meter la Monarquía en los archivos de la Historia y a establecer la República sobre la base de la soberanía nacional. Cuando pedíamos justicia —se ha inflamado esa mano—, se nos arrebató la libertad; cuando hemos pedido libertad, se nos ha ofrecido una concesión, unas Cortes amañadas como las que fueron barridas, resultantes de un sufragio falsificado, convocadas por un Gobierno de dictadura, instrumento de un Rey que ha violado la Constitución, y realizadas con la colaboración de un caciquismo omnipotente. La revolución —ha arengado esa mano— será siempre un crimen o una locura donde quiera que prevalezcan la justicia y el derecho; pero es justicia y es derecho donde prevalece la tiranía.

Ahora, esa mano anda impaciente, inquieta. El tiempo de la escritura se va agotando. La mano quiere más. Quiere la acción. Quiere la revolución en este país con veintitrés millones de almas que pacen entre la precariedad y el caciquismo. Y al castor se le va haciendo pequeña la madriguera, de una placidez aletargante, asfixiante, insoportable. Y ya necesita salir, que este largo invierno acabe de una vez. Sabe que su especie vive más tiempo en cautiverio que en libertad. Que el lodo fresco del otoño se transforma en un barro más inexpugnable que la piedra cuando el invierno lo congela. Inexpugnable para los depredadores, un fortín para el castor. Máxima protección. Pero quién desea la seguridad total cuando es un roedor con poderosos incisivos y hambre por talar los árboles más altos: el Gobierno, la dictadura, el rey, los caciques. El poder es su ambición. Proyectos, jamás recuerdos. Amaneceres, no estrellas del ayer. De qué sirve la melancolía, dulzona y paralizante. De qué el cielo, si su luz solo es eco fugaz. Un entresuelo burgués no es lugar para un castor.

Tercia
[9 — 12 H]

Cándida

Los párpados cerrados. La bala en el pulmón.

Todos lo saben, Cándida, que tú estás muerta.

Lo sabe Cándido, que te ha velado la noche entera. Lo saben tus hijos, de cinco años y cuatro meses. Lo sabe todo el pueblo de Moaña en esta mañana de puño al viento y lágrima derramada. Lo saben las pescaderas. Ellas te acompañaban ayer en la manifestación.

Tenías ganas de celebrar. Habían ganado los tuyos, los vuestros, y todo es tan elástico y relativo: de quiénes, hasta cuándo, para qué. Pero ayer, en ese instante epifánico en que un sentimiento es compartido por una multitud, todo parecía posible. Y así fue.

Moaña. Tierra costera en la ría de Vigo. Su playa es su tesoro. Almeja, navaja, berberecho. Pescadores sin morriña, rudas marisqueiras. Un trabajo duro, tempranero, de espalda doblada en el arenal. Cubo y raño, cubo y raño. Siempre lo mismo. Y es tan humilde el máximo anhelo. Pero ayer todo parecía posible.

Clareó con tensión. Mientras el maestro se dirigía a la escuela, las mujeres de los armadores lo insultaron. Lo acosaron. Lo amedrentaron. El metal de una pistola quiso asomar. A Enrique no le perdonaban que hubiera traído a Moaña ese republicanismo contagioso. Ni sus inflamados mítines. Nin a súa vontade por ensinar galego na escola. A él y a su mujer, Concha *la Alpargatera*, los habían marcado desde que llegaron al pueblo. Desde que se metieron en esa casa de alquiler donde leen y miran al futuro como los pescadores miran el fondo de las redes: esperando que algo quede cuando todo pase.

Moaña es un polvorín. Armadores, patrones y marineros han encendido la calle y el mar. Boicots, huelgas, atentados contra los barcos. Marineros enrolados en un sindicato fraterno: Solidaridad Marinera. Enfrente, armadores y conserveros unidos con sus pistolas y agrupados bajo un nombre tenebroso: Legionarios del Mar. Y enredándolo todo, como un alga pegajosa capaz de liar a pobres con ricos, el caciquismo.

Demasiadas algas invaden las aguas de Moaña. Por eso saliste a la calle, Cándida. La mirada clara, la frente despejada, la mandíbula marcada. Las cejas rectas, los labios ligeramente adelantados, como tanteando siempre el habla porque de nada sirve callar. La medalla con fina cadena entorna tu cuello. Unos largos pendientes caen a plomo, señalando esa tierra, a túa terra, como brújula vital. Veinticinco años. La sensualidad de quien no la busca. La fuerza del carisma.

Pescadera, sindicalista, esposa y madre. Por todo ello saliste, con tu hijo Manuel de la mano, a celebrar la victoria republicana en Moaña. Todas mujeres marineras, todas marchando en manifestación con vuestros niños. La brisa de la tarde golpeando una bandera tricolor. El salitre adensando los vivas. Mirando sin temor ojos iracundos. Creyendo que, al fin, todo era posible.

Salisteis del local del sindicato. Pasasteis por el concello. Llegasteis al cuartel. Un cabo guardia civil quiso que las manifestantes se disolvieran. Se lo pidió a un maestro, Corbacho. Él no se hizo responsable de las mujeres. Un armador le dio un empujón, el signo del legionario matón. Hombres armados lo acorralaron. Intentó escapar. Empezó el tiroteo. El maestro salvó el pellejo refugiándose en el interior de un horno. Pero el mal —siempre hay uno, aunque no te toque, aunque no lo veas, aunque tarde en manifestarse— ya estaba hecho.

Las balas habían provocado el tumulto. Tiros, gente que corre, alguien que cae. Alguien. Indefinido, para los libros. Alguien. A veces ni eso. La Historia redondea los esqueletos por decenas. Eso dice Wisława Szymborska: Que mil y uno siguen siendo mil. Que ese uno es como si no existiera. Y eso obliga a buscar el uno. O la una. Cándida Lago Veiga. Tú eres la una de Moaña. Pescadera, sindicalista, esposa y madre. En la Rúa da Canexa, en medio del tiroteo, no te abrieron esa puerta que te hubiera salvado. Te quedaste a la intemperie, más a la intemperie todavía. La bala salió, no se sabe si disparada al aire, si hacia el grupo, si contra ti. Qué más da. Lo que importa es que te atravesó los pulmones. Los dos. Y que quedó alojada en uno. Alveolo metálico.

Dice el acta de defunción que moriste a las siete de la tarde. No refiere cuándo cerraste los párpados ni si alguien te los cerró. No cuenta qué hizo en ese momento tu hijo Manuel; si estaba a tu lado viéndolo todo o si justo antes de la desbandada de terror se soltó de tu mano, sudorosa de tanta emoción cuando todo era posible. La victoria obrera, el fin de los abusos y la penuria, algo parecido a la libertad.

Eso fue ayer.

Hoy, martes, camino del mediodía, ya nada es posible para ti.

No irás a trabajar a la plaza de Abastos, con el olor a pescado incrustado en las uñas. Eso se acabó. Todo comenzaba y ha terminado a la vez. Moaña entera lo sabe, Cándida, que tú estás muerta. Muchos han velado tu cuerpo en una noche extraña, de duelo, rabia y esperanza. El alcalde ha pasado la noche en un barco fondeado en la ría. Escondido, pues temía venganza. Tú ya nada has de temer. Mírate: han cubierto tu cadáver con la bandera republicana. Un símbolo más. Una metáfora para el tendido. El martirio originario. Te llevan al depósito del cementerio. Todos los gremios han parado de trabajar. El pueblo de Moaña te acompaña, con ardor y desconsuelo, sin crucifijos ni sotanas. El sol mañanero se filtra por las ventanas. Cándida: tú eres la una que la Historia olvida. Cándido, recoge al niño y a la niña y saca el luto del armario, ya te espera tu cuñada.

Hay que contar el entierro. La marea negra de personas portando cirios, con la llama prendida en mitad de la noche y dejando un rastro de cera. Las letanías fúnebres entonadas en procesión por las calles del centro. Hay que contar lo del ataúd. Y lo de los responsos. Y la bufonada de esas falsas plañideras, llorando entre risotadas, vivas y mueras. Hay que contar que en Valencia han enterrado al rey y a la monarquía.

Empezó como una mascarada, una sátira del pueblo que mejor la domina. Pero ha acabado con cargas de máuser, heridos, destrozos. Ahí está ahora mismo la pobre niña María Sales, de doce años, sufriendo en el hospital. Pronóstico grave. Lo sabe el periodista de *La Correspondencia de Valencia*, que ya ha reunido toda la información. Su artículo debe entrar en talleres para la edición vespertina, página dos, segunda columna. Hay que ponerse a escribir. Ciertas cosas no pueden decirse. Que el retrato que portaba la protesta callejera, con cientos de personas hormigueando tras ella, es el retrato de Alfonso XIII. Que el pueblo lo llama, despectivamente, Gutiérrez. Algunos datos habrá que callar, eso ya lo sabe. Pero hay que contar ese entierro, mezcla de carnaval y de falla en tiempo de pentecostés.

Y el periodista se pone a teclear:

Entre ocho y nueve de la noche formáronse numerosos grupos en la plaza de Emilio Castelar, de donde salieron formando compacta masa, dirigiéndose por la calle de las Barcas a la de Don Juan de Austria. Llevaban los manifestantes un retrato e iban dando significados vivas y mueras coreados con el estribillo ¡que se vaya! Al paso de los manifestantes, algunos de sus componentes invitaban a los curiosos a que se descubriesen. Al llegar los manifestantes frente a la redacción de *El Pueblo*, uno de los manifestantes se encaramó a un farol pronunciando un discurso de tonos violentos, que fue coreado con aplausos y aclamaciones.

Entre los manifestantes surgió el propósito de simular un entierro, y algunos de ellos se dirigieron a la funeraria del señor Borrás, situada en la calle de Pascual y Genís, con el propósito de adquirir un féretro. El dueño se negó a la pretensión y los manifestantes marcharon a la plaza de Rodrigo Botet, donde otro grupo había logrado adquirir un ataúd de adulto y otro de niño.

Por las calles de Ballesteros, Poeta Querol y Barcas marcharon a la plaza de Emilio Castelar, simulando un entierro. Los manifestantes, cantando grotescas letanías, se situaron frente a la Unión Monárquica Nacional exhibiendo el ataúd en el cual se leía: «RIP Gutiérrez». Frente al bar Barrachina, un grupo, simulando a las plañideras, entonó algunos cánticos funerarios. Frente al ayuntamiento simularon un responso, y así continuaron la marcha sin que la Guardia Civil de caballería, que presenciaba el desfile, se metiese con los manifestantes ni les hiciese indicación alguna.

Los manifestantes penetraron confiadamente en la calle de Pi y Margall, y ya cuando el centro de la manifestación se hallaba frente al café Martí, salió un piquete de guardias civiles e hizo una descarga. El público corrió en todas direcciones, rompiendo las mesas de los cafés e introduciéndose atropelladamente en los establecimientos de la calle de Ruzafa.

Al mismo tiempo, otro piquete de la Guardia Civil desembocó por la calle de Colón, cerrando el paso a los manifestantes. El momento fue de gran confusión, pues el público quedó acorralado sin poder dispersarse. Sonaron varios disparos, resultando varios contusos, que fueron curados en los dispensarios benéficos más cercanos. Un teniente de la Guardia Civil entró a caballo en la lechería de Lauria, causando alarma entre los concurrentes.

En el hospital fue asistida una muchacha de doce años cuyo nombre se nos ruega omitamos, que sufría fractura de la clavícula izquierda en su tercio medio, pronóstico grave, producida por caída y atropello; y Vicente García Soler, de veinticinco años, carpintero, domiciliado en el camino de Jesús, 28, que padecía una herida contusa de dos centímetros de extensión, que interesa piel y tejido celular, situada en la región molar izquierda.

En las farmacias de Gabriel y Escolano, sitas en la calle de Pi y Margall, fueron atendidos más de veinte contusos. En la farmacia de Ejarque, en la calle de Pascual y Genís, se atendió a otro contuso, que fue reconocido por el doctor Víctor Mollá, quien nos dijo que el lesionado padecía fuerte contusión en la región lumbar. En la farmacia de Loras se atendió a doce contusos, entre ellos a un sargento y a un individuo de la Guardia Civil. El jaleo duró cerca de dos horas. A las tres de la madrugada la plaza de Emilio Castelar fue tomada militarmente, retirándose los grupos, siendo completa la tranquilidad.

El periodista cierra su crónica y entrega el texto para que lo compongan en plomo, encajado entre dos medianiles, y puedan imprimir la página. La niña de doce años —y se llama María, se llama María Sales y solo tiene doce años— continúa en el hospital. Pronóstico grave.

A Palacio, según qué días, según qué hombres, se llega de etiqueta. El ministro Juan de la Cierva es uno de esos hombres en uno de esos días.

Su llegada esta mañana al Palacio Real trae el eco del asedio de Baler, el que sufrieron los últimos de Filipinas. En su alma y su cerebro solo late una idea: resistir.

Resistir él, el rey, la patria.

Es inevitable pensar en Enrique de las Morenas y Fossi, capitán de infantería que se negó a la rendición en la isla filipina de Luzón y pagó la heroica gesta con su propia vida, porque la muerte era preferible a la deshonra. Inevitable evocar a Juan Alonso Zayas, al mando de medio centenar de hombres del Batallón de Cazadores n.º 2, también muerto en aquel agónico asedio a una iglesia filipina donde un puñado de españoles olvidados resistieron 337 días con todo ya perdido. Defensores sin saberlo de una idea ya huérfana: la colonia, el imperio. Utópicas mentes, arquetipos románticos, rehenes del destino. Vacilan y caen los hombres sufrientes, ciegos, de una hora en la otra, como aguas de roca en roca lanzados, eternamente, hacia lo incierto. Palabra de Hölderlin.

Juan de la Cierva llega a Palacio y escucha una frase que lo azora: El rey ha decidido marcharse. Poco después de las nueve ha llegado a Palacio el dentista del rey, Florestán Aguilar. Le cuida los dientes al monarca desde los nueve años. Es, tal vez, su mejor amigo. Y esta mañana cumplía un encargo: leerle al rey un mensaje dictado por el ministro de Estado. Un mensaje urgente del conde de Romanones que empieza así: Los sucesos de esta madrugada hacen temer que la actitud de los republicanos pueda encontrar adhesiones de elementos del Ejército y la fuerza pública, que se nieguen en momentos de revuelta a emplear las armas contra los perturbadores y se unan a ellos, y se conviertan en muy sangrientos los sucesos. Para evitarlo podría Vuestra Majestad reunir hoy el Consejo de Ministros para que cada cual tenga la responsabilidad de sus actos y que el Consejo reciba la renuncia del Rey para hacer ordenadamente la transmisión de poderes. Así se haría posible, en su día, la pronta vuelta a España del Rey por el clamoroso llamamiento de todos.

Eso ha leído el dentista. Eso ha calado en el rey. Muy sangrientos. Sin anestesia. Y De la Cierva, ministro conservador, no da crédito. Se adentra en la cámara real. No le importa cuántos filipinos —abandonistas, pragmáticos, traidores— asedien esta fortificación hecha de mármol y de Historia. Aquí había un alcázar; aquí hay que luchar. Y por eso, cara a cara con el rey, De la Cierva toma la palabra. Señor, le dice, si Vuestra Majestad desea y puede formar otro Gobierno es cosa que está dentro de sus facultades y únicamente corresponde a los demás reservar o exponer su juicio y acatar las resoluciones del Rey. Pero lo de ausentarse Vuestra Majestad, permítame que diga, con toda lealtad y franqueza, movido por el deber que con España y con Vuestra Majestad tengo, que no lo puede ni lo debe hacer. Esa ausencia sería la renuncia a la Corona que no es de Vuestra Majestad más que en un momento histórico, que es de su estirpe y que, por representar a la institución secular de España, a ella en realidad pertenece. Como estoy seguro de que, si el Rey se va, España cae en el abismo y la monarquía será barrida por las olas revolucionarias, y nuestra civilización se destruiría y se desmembraría la patria, porque el conglomerado revolucionario se impondría a toda idea de orden y de defensa de la sociedad, yo me atrevo a protestar de tal propósito como español y como ministro, me opongo a él y pido al Rey que se mantenga fiel a la patria y valerosamente afronte y venza las dificultades actuales.

El rey ha ido acentuando un gesto de disgusto a medida que avanzaba la conversación. Una mueca agria bajo el bigote. Arrugas refractarias sobre las cejas. No le gusta que lo desafíen. Tiene cuarenta y cuatro años y en este Palacio siempre lo han tratado como a un monarca de otro tiempo. Casi como a un Dios. De pequeño, al niño rey todos lo llamaban Señor y Vuestra Majestad en esta burbuja irreal de levitas, chisteras y guantes. Un microcosmos de aristócratas encopetados. De reverencias teatrales y andares hacia atrás para nunca dar la espalda al pequeño rey, consentido por su madre —regente hasta que el niño cumpliera dieciséis—, consentido por sus dos hermanas, por sus tías, por su abuela. Halagado por todos. Puro ancien régime. Y en el centro, él: el niño rey acuñado en los duros de plata, versión pelón, rizos, tupé o cadete. Él. Rey. Por la gracia de Dios.

Aquel niño se hizo mayor. Ya han transcurrido casi veintinueve años de su coronación, en la primavera de 1902. Tres décadas de reinado efectivo. Con veinte presidentes del Consejo. Con ciento dos gobiernos distintos. Con dictaduras y con dictablandas. Con desastres marroquíes y una semana trágica en las calles catalanas. Y en cambio, en esta mañana de abril todo parece distinto a lo ya vivido. Como una tormenta formada al chocar fuerzas opuestas, todo el peso de la Historia se va cerniendo sobre su cabeza bajo el frío mármol de Palacio.

Este mármol lo levantó el primer Borbón con corona española. Felipe V: cuarenta y cinco años y tres días rey de España. Ya ningún Borbón ha envejecido así en el trono. Su hijo Luis I duró 229 días. Su otro hijo Fernando VI, que no iba para rey, duró trece años. Y Carlos III, medio hermano de los anteriores y fruto de la segunda esposa de Felipe V, llegó a reinar casi treinta. Desde entonces, hace más de un siglo, ningún Borbón ha resistido al vendaval de la Historia. Ya fueron destronados de Francia y Dos Sicilias. Y en España, los cuatro Borbones que han precedido a Alfonso XIII han sufrido el exilio. Carlos IV abdicó en su hijo y después, humillado, resignó en Napoleón. Fernando VII fue destronado por los Bonaparte antes de que vivieran las cadenas y regresara triunfante. Isabel II, tan atacada por su tío, por su primo, por su cuñado y por todas las boinas rojas carlistas, tuvo que coger el tren San Sebastián-París y refugiarse en Francia ante la Revolución del 68 para abdicar al fin en su hijo Alfonso XII. El paréntesis de la Casa Real de Saboya —con Amadeo I marchando a Italia y renunciando a esa jaula de locos ibérica que le amenazaba con intentos de asesinato— desembocó en la Primera República. Efímera, convulsa, inestable: estoy hasta los cojones de todos nosotros. Fue entonces cuando del exilio regresó Alfonso XII para implantar la Restauración y devolver el cetro a los Borbones. Sin embargo, la tuberculosis, a los veintisiete años, lo apartó del trono y de la vida para dejarlo a él, Alfonso XIII, todavía en el vientre de su madre regente, como rey de España por la gracia de Dios.

Y esa gracia la está perdiendo hoy.

De la Cierva espera una respuesta detrás del escritorio real. Pide resistir. Como hicieron Enrique de las Morenas y Juan Alonso Zayas. Como Rogelio Vigil de Quiñones, Vicente González Toca y Saturnino Martín Cerezo. Todos arrollados por la fatalidad. Aquellos últimos de Filipinas excavaron un pozo, plantaron un huerto, construyeron un horno. Y resistieron. Se comieron un perro sarnoso mientras avanzaba la disentería y el mal del beriberi los iba fulminando. Y resistieron. Resistieron 337 días por un imperio en descomposición. Para qué. Todo aquello solo dejó un cerco, una sombra; apenas un eco imperceptible cuando el rey deshace su mueca agria y responde: Yo no puedo consentir que con un acto de fuerza para defenderme se derrame sangre, y por eso me aparto de este país.

La conversación ha terminado. Es el último despacho de la mañana. Vacilan y caen los hombres sufrientes, lanzados eternamente hacia lo incierto.

El poder es la capacidad de infundir miedo. De atemorizar y controlar para evitar la anarquía. De amedrentar y castigar para impedir la insurrección.

El poder son las armas. La potestad de utilizar la violencia en régimen de monopolio y a discreción. El resto son circunloquios o constituciones: rodeos elusivos de una incómoda verdad.

El miedo y las armas, el poder: eso es la Guardia Civil. Un cuerpo armado, profesional, veterano, respetado y temido. Un órgano protector y represivo del Estado presente en toda España, urbana y rural, adoquinada y caminera, la que conspira y la que labriega. A su mando está el general Sanjurjo. Lo llaman el León del Rif.

Su rostro impone. Dos ojos saltones, henchidos de blanco, dominan un rostro con inclinación al espanto, el propio y el ajeno. El labio grueso, con retranqueo sobre la fachada, mora cobijado por la marquesina troncocónica de pelo entrecano. Una cara que no se olvida.

Ha nacido carlista por Dios, por la Patria y el Rey. Su historial se mece con la épica de la sangre derramada en Cuba y en tierras rifeñas. La política lo imanta. Fue un apoyo decisivo para el golpe de Primo de Rivera. Ha sido el pacificador de Marruecos tras el desastre de Annual. Hace tres años que manda sobre la Guardia Civil. Por eso es una pieza clave en este día errático, donde las armas y el miedo pueden sofocar la rebelión.

Muchas veces ha cantado el Oriamendi y su tercera estrofa: Cueste lo que cueste se ha de conseguir que venga el rey de España a la Corte de Madrid. Pero hoy no piensa ni en el Oriamendi ni en el lucharemos todos juntos ni en la santa tradición. El año que viene cumple sesenta. Los ardores patrios y la fe de los ideales tradicionalistas han sido relegados. Atrás quedó su tiempo de gregario. Hoy es un león. En ferocidad, fuerza y magnificencia. Consciente de la ley que rige en la selva: solo conservando el hábitat puede un león sobrevivir. En esas coordenadas se mueve Sanjurjo. Sobrevivir, prosperar, mandar. El poder.

¿Qué piensa hacer la Guardia Civil?

Esa es la clave que puede inclinarlo todo.

Ya en la noche electoral, al preguntarle el Gobierno, el general Sanjurjo dio la primera pista: él ya no responde de la Benemérita. Hoy, el León del Rif despliega sus dotes estratégicas sobre el tablero de la Historia. El rey está acorralado, con miles de peones acechándole, miles de peones achicando espacios para impedirle todo movimiento y ahogarlo en su casilla real. ¿Qué sentido, pues, tiene el sacrificio cuando el régimen se desmorona?

Desde primeras horas de esta mañana, Sanjurjo va sugiriendo a través de emisarios un mensaje al Gobierno provisional de la República: La Guardia Civil no reprimirá ninguna manifestación ni cargará contra quienes lancen gritos subversivos. Van a guardar una actitud neutral.

Para algunos, sería el golpe de gracia al rey y a la monarquía. Pues sin armas ni miedo, qué le queda a una corona desprestigiada.

Las habladurías, los rumores, los diceque palidecen cuando el general Sanjurjo salta al tablero. Vestido de paisano, el general más laureado de España llega a la casa de Miguel Maura, Príncipe de Vergara 41. Allí se está fraguando la toma republicana del poder.

La escena sobrecoge.

El director de la Guardia Civil entra en el despacho de Maura y se cuadra ante el dirigente republicano. Y acompañando el saludo militar, tieso el cuerpo y extendida la palma, pronuncia una frase para la Historia: A las órdenes de usted, señor ministro.

Señor ministro.

El rey sigue en Palacio. El Gobierno monárquico en sus despachos. Se sigue elucubrando con la declaración de un estado de guerra, con gobiernos militares, con sangrías en las calles. Todo parece en el alambre. Pero un león ha rugido dos palabras inesperadas: Señor ministro. La Guardia Civil, y su director en persona, acatan a esta hora la voluntad popular expresada en las urnas y pasan al servicio de la República.

Las armas y el miedo —el poder— abandonan al rey.

Sexta
[12 — 15 h]

Teresa

Teresa Claramunt ha muerto.

La primera frase le sale sola.

Escribir ante el cadáver de la Virgen Roja en las páginas de *Solidaridad Obrera* no es fácil para el columnista Correa. Pero él, grave el gesto y encogido el corazón, continúa.

La rebelde propagandista del anarquismo internacional ha dejado de existir materialmente. Moralmente, ni ha muerto ni puede morir nunca, puesto que su nombre y su labor social y humana queda grabada en las páginas de la Historia por los siglos de los siglos.

Relee las líneas iniciales del artículo. Por los siglos de los siglos. Le parece solemne, majestuoso. Seguramente fuma, y el humo asciende sinuoso en una trayectoria elíptica, como asciende al panteón anarquista una virgen revolucionaria que acaba de morir.

El artículo entra hoy en la rotativa. Correa ha ido inflamando su prosa. Ni la cárcel ni la represión, mil veces perseguida y encarcelada, lograron detener sus impulsos humanos, su corazón vehementemente sincero y noble. No teme caer en la hagiografía, pues si una santa la merece, una virgen todavía más. La pompa y la épica han confluido ya en su artículo. Pero necesita un final. Un final a la altura del momento. Dejémosle pensar.

En el cementerio de Montjuïc reposa, desde hace veinticuatro horas, el sueño de la gran revolución social, la aurora de una sociedad libertaria y armónica. El cuerpo de Teresa Claramunt ha sido amortajado por dos compañeras, dos anarcosindicalistas como ella: Federica Montseny y Llibertat Ródenas. Ayer la enterraron en este nicho de lápida blanca: número 35, piso segundo, agrupación segunda en una zona extramuros del camposanto, una zona para repudiados y disidentes. La Virgen Roja no descansa sola en el nicho. Lo comparte con los huesos de Amalia Domingo Soler, escritora espiritista que fundó, junto a ella, la primera organización feminista catalana, la Sociedad Autónoma de Mujeres de Barcelona. Las dos intentaban trascender la realidad. Ya lo han hecho.

El pueblo ha despedido a Teresa Claramunt como merece una virgen. Su ataúd, bajado a hombros por cuatro camaradas. Su último viaje, en un coche tirado por dos caballos. Su despedida de la ciudad, acompañada por un cortejo fúnebre trufado de anarquistas, profesores y alumnos. Pasaba el féretro por las calles de Barcelona y se inclinaban de los balcones las banderas republicanas, y se quitaban la gorra los obreros de la construcción, y se emocionaban antiguas compañeras de prisión.

La ladera del Montjuïc ha recibido el féretro. Ya descansa allí. El sol de mediodía rejonea las últimas sombras de la mañana. El gorjeo de los pájaros horada el silencio pétreo de cruces y mármol. El azul del cielo besa la línea azul del mar. Los cipreses erguidos, que jamás conocerán la genuflexión, espejean el alma irredenta de una libertaria enemiga de la religión, de la explotación capitalista, de la dominación masculina, del militarismo, de la incultura. Una mujer que ha pagado su compromiso político con la cárcel, el destierro y la pobreza. Tejedora en jornadas de catorce horas. Seguidora del anarquismo puro. Huelguista profesional. Apóstola de la Idea entre iletrados, entre pobres y desvalidos. Activista y mitinera en sótanos y descampados; la palabra viva, encendida, iluminada. Rebelde ante las monjas de la cárcel y rebelde en los calabozos de jergón, ratas y manta apiojada. Y en las torturas.

Las torturas.

Allí le empezaron a temblar para siempre las manos. Allí empezó su parálisis progresiva. La que deterioró su salud hasta recluirla en casa, pobre de solemnidad y malviviendo gracias a la caridad. Desde ese hogar impartía magisterio a las anarquistas que peregrinaban hasta el número 11 de la calle Mendizábal para cruzar la puerta de forja y admirar allí, en la penumbra de la soledad y la escasez, a la Virgen Roja. Desde allí, la anticaverna de Platón, seguía propagando la Idea.

Pero hasta aquí ha llegado.

Teresa Claramunt ha muerto. La enterraron ayer, con el triunfo de las candidaturas republicanas y socialistas en cada boca. Hay fervor en la calle. Entusiasmo entre las izquierdas. Vibran los obreros. Todo parece posible. Y sin embargo, en los talleres de *Solidaridad Obrera*, su periódico, el diario anarquista barcelonés, encajan con escepticismo las letras en la caja del editorial que esta tarde van a publicar en portada. Dice así: La masa proletaria, víctima en todos los regímenes, sacrificada por todos los sistemas, maltratada por todos los gobiernos y explotada sin escrúpulo por todas las burguesías, se entusiasma fácilmente cuando acarician sus oídos con tan agradables palabras como democracia, libertad, sufragio universal. Pero pronto se convence de que cuando están en las alturas, gracias al apoyo que han encontrado en el pueblo, en la plebe que los encumbra, ni republicanos ni monárquicos han hecho lo más mínimo en favor del desheredado. He aquí, pues, una muestra significativa de lo que podremos conseguir ayudando a escalar el Poder a cualquier partido político. Y añade: Es absolutamente necesario reconocer que bajo ningún techo político podremos cobijarnos. Nuestras aspiraciones de igualdad en todos los aspectos no las encontraremos jamás en las monarquías, pero en las repúblicas tampoco. Únicamente la anarquía, el comunismo libertario, puede dar cumplida satisfacción a los justos anhelos del proletariado a los indispensables e inalienables derechos del pueblo, que hasta ahora le han sido negados.

Correa le ha estado dando vueltas a su final. Necesita una frase. Una última frase que cierre el artículo. Un tiro que lo condense todo. La pluma fluye con una tinta que se quiere indeleble, inmortal como una virgen. Cree que la tiene. Teresa Claramunt, escribe, ha muerto sumamente pobre de bienes, aunque rica y muy rica de honra y sentimientos generosos, únicos blasones que poseemos los anarquistas. Punto final.

La rendición de Breda no sucede en el campo de batalla. Tampoco en un palacio. Ni siquiera en un cuartel. Acontece a esta hora, las dos de la tarde, en el número 43 de la calle Serrano: la casa del doctor Marañón.

Quién me iba a decir que nos veríamos en esta situación.

La bienvenida del conde de Romanones, pálido el rostro y más agrio que de costumbre, condensa el patetismo de la escena. Él, Álvaro Figueroa y Torres, ministro de Estado, alma y cerebro de la monarquía de Alfonso XIII, ha sido enviado por el monarca a negociar el desenlace político, en terreno neutral, con Niceto Alcalá-Zamora, líder de los revolucionarios, alma y cerebro de la República.

Todo está en el aire. El trono, España, la vida del rey.

Tras el abrazo ante Marañón y cuando el médico les deja a solas en su despacho para un encuentro decisivo, Alcalá-Zamora se acomoda en el borde de un sillón para hablar, directamente y a voces, al oído bueno del conde. Se conocen demasiado. Los unió el sistema camaleónico de la Restauración, el liberalismo monárquico y esa vieja política de notables que repudia a las masas y más aún a las mujeres. Los separó, hace casi veinte años, el combustible más potente y a la vez destructivo en política: la ambición.

Por eso hoy sobran los rodeos.

La exposición de motivos que hace don Niceto es breve y directa: Ya se ha proclamado la República en Eibar, en Vergara, en Zaragoza, en Valencia, en Sevilla y en Oviedo. Los gobernadores civiles, le dice, comunican conmigo y no con vuestro Gobierno. La monarquía ha perdido la batalla. Usted me conoce perfectamente desde hace muchos años y sabe que soy hombre que rinde culto a la verdad. Esta se impone. Y la verdad ahora es que el pueblo impaciente no podrá ser contenido si no sabe pronto a qué atenerse.

El pueblo no podrá ser contenido.

En torno a esas palabras sobrevuela el fantasma de la violencia y la sangre. El conde de Romanones escucha. Y oye la propuesta republicana a bocajarro. Solo hay una solución, dice don Niceto: la marcha rapidísima del rey. No queda otro camino que la inmediata salida del rey renunciando al trono, dice el líder del comité revolucionario.

El conde de Romanones intenta negociar. Lo ha hecho toda su vida: con la mano derecha la intriga, con la izquierda el acuerdo. Su ideología ha sido su interés. Su cinismo cabe en una de sus frases: Al decir jamás, me refiero al momento presente. Y en este momento presente, ya anciano el conde, está a punto de desplegar su maniobra más trascendente ante don Niceto, ese liberal mudado a republicano que en su juventud fue secretario político suyo, de Romanones, pura leyenda política. El mostacho negro en la cara del conde es el emblema del caciquismo más perfeccionado: el que compra votos al precio justo; el que va a las cacerías pertinentes para abatir las piezas oportunas; el que mide su fuerza con los favores que es capaz de atender. Lleva cuarenta y tres años en el escaño del Congreso. Cuarenta y tres. Ha sido alcalde de Madrid. Ha sido ministro de casi todo y varias veces: de Instrucción Pública; de Agricultura, Industria, Comercio y Obras Públicas; de Gobernación; de Gracia y Justicia; de Estado. Ha presidido el Congreso de los Diputados. Ha presidido el Senado. Ha presidido —tres veces— el Consejo de Ministros. Ha sobrevivido a todo y a todos. Y ahora, enviado por Alfonso XIII a esta casa venerable en la que Ortega y Gasset y Pérez de Ayala aguardan en la habitación de al lado, el futuro de España pasa por sus manos. Por su habilidad negociadora. Por su capacidad de intriga, de maniobra y pacto. Y sentado en el sillón de esta casa neutral de la calle Serrano, cuyo nombre, paradojas de la pequeña historia, alude al último presidente de la Primera República española, el conde lo intenta una vez más, una última vez. Pide un armisticio de unas semanas. Pide calma. Una tregua. Un Gobierno de transición. Unas elecciones rápidas a Cortes.

Él pide. Pero en Breda no se negocia.

En Breda se capitula y se entregan las llaves para salvar el cuello. Y esto es Breda. Un bando va a presentar su rendición; el otro respetará su retirada, nada más. Pero esta vez, trescientos años después, en esta nueva Breda sin pintor de cámara regia, la Corona española pierde. Porque la respuesta de Alcalá-Zamora a la tregua propuesta por el emisario del rey es rotunda: La República, dice don Niceto, se proclamará antes de que el sol se ponga, y para entonces don Alfonso debe haber resignado sus poderes en el Consejo de Ministros. Ni una semana concede. Antes de la puesta del sol, insiste inflexible una y otra vez. Si la familia real no sale de Madrid antes de esa hora, advierte, yo no puedo responder de la vida de Alfonso XIII y de los suyos.

Antes de que se ponga el sol: con el simbolismo atávico que implica.

Qué pasa por la mente del conde de Romanones en ese instante. Su vida —conde, hijo de marqués, industrial, terrateniente, magnate, poderoso— parece fácil. Pero la maldita cojera en la pierna derecha que arrastra desde niño, perenne recuerdo de un accidente en coche de caballos, ha sido un muro constante en su vida. Dolores, burlas, miradas, murmullos, humillaciones. Siempre la cojera. Siempre el cojo. La broma que hiere, las miradas en la espalda. Tal vez eso explique su carácter aguerrido y ganador. Hoy, sin embargo, poco tiene que ganar. Ha venido sabiéndose de antemano perdedor. Pero siempre cobija la esperanza el afamado conde de Romanones. Hasta este justo instante, cuando inclina un poco más la cerviz al oír esa frase que no esperaba de boca de don Niceto: Hemos obtenido ya la adhesión del general Sanjurjo, jefe de la Guardia Civil.

Ya está, asume el conde: la batalla está perdida. No hay más que negociar: el rey marchará hoy, la familia real mañana.

No habrá cuadro de Velázquez.

Todas las lanzas son tricolores.

Breda es ya republicana.

Para la guerra, cañones. Para la revolución, poetas. Corazones inflamados que inflamen por contagio. Espíritus románticos movidos por una divisa: Fe, Pàtria i Amor.

Al poeta Ventura Gassol la fe lo retuvo diez años en el seminario de Tarragona, cerrado y sacristía, hasta que colgó la sotana y cambió de vocación. No se entregaría a Dios. Se entregaría a la Pàtria. A Catalunya. A su lengua, a su memoria, a su destino. Y con su media melena modernista y el llacet de intelectual ciñendo el cuello, escribiría versos para la redención colectiva. Fou una pàtria. Va morir tan bella, que mai ningú no la gosà enterrar: damunt de cada tomba un raig d'estrella, sota de cada estrella un català. Palabras, palabras, palabras. Y a través de la Fe y la Pàtria, Ventura Gassol llegaría al Amor. Al amor ciego y místico, todo pasional en él, por ese hombre mayor con el que cruza apresurado la plaça Sant Jaume en este instante de fervor y desconcierto. Ese hombre de pelo blanco y porte impoluto a quien todos llaman Coronel. O l'Avi. L'Avi Macià.

Anoche compartieron velada en el Hotel Colón. Todos

reían. Corrió el champagne, claro: cómo iban a imaginar que su partido, fundado hace tres semanas para unir al republicanismo catalán, arrasaría en las elecciones municipales de Barcelona. Era impensable. Veinticinco concejales, la mitad de todo el pleno. Sumando a los socialistas y radicales, son treinta y ocho republicanos frente a solo doce monárquicos de la Lliga. Lo posible inverosímil. Rápidamente Macià le envió un telegrama a Alcalá-Zamora: Esquerra Republicana de Catalunya saluda presidente Gobierno provisional y espera con resolución inquebrantable triunfo nuestros ideales. Viva Cataluña libre en una España libre y republicana. Stop.

Eso fue la madrugada del domingo. La del lunes corría el champagne en la bodega del Colón, esa milla de oro política que es el cruce de la plaça de Catalunya con el passeig de Gràcia en la ciudad de las bombas y de los pistoleros anarquistas, la ciudad donde ya impera una divisa: Visca Macià, mori Cambó. La cúpula de Esquerra discutía entre el tintineo de copas y el murmullo ahumado del subterráneo local. Qué hacer: esperar o actuar. No se ponen de acuerdo. Al teléfono, Miguel Maura les pide que no hagan nada que comprometa la unidad española. No hacer nada. Esa no es una opción para un coronel. Macià, el líder, el jefe, el oráculo, es partidario de actuar. Él siempre ha actuado. Actuó cuando los militares asaltaron el semanario *¡Cu-Cut!* y lo quemaron en venganza a sus sátiras. Macià actuó. Y aunque era militar, mostró su rechazo al abuso de poder y se sumó a las listas patrióticas de Solidaritat Catalana. El Ejército quiso acallarlo por dos caminos: enviarlo a Castilla y darle un ascenso a coronel. Pero Macià rechazó los dos. Y actuó: dejó el Ejército y eligió la política.

De aquello ha pasado un cuarto de siglo. Mucho tiempo. El Coronel ya es l'Avi. Enjuto, fibroso, icónico. Reverenciado. Siempre va acompañado por un poeta patriótico. Con Ventura Gassol al exilio francés, perseguidos por la dictadura de Primo de Rivera. Con Ventura Gassol juzgado, condenado y encarcelado en París por una utopía descubierta y abortada: su intento de invadir militarmente Cataluña por el pueblo francés de Prats de Molló, con hombres armados, para liberarla de reyes y tiranos y cumplir el sueño de una república catalana independiente. Con Ventura Gassol con las maletas hacia otro exilio, ahora a Bélgica, cada vez más lejos de casa, para poder guarecer y nutrir su proyecto político del Estat Català. Con Ventura Gassol a bordo del barco *Andalucía*, casi dos meses de travesía, para hacer una gira americana con pasaporte apátrida y recorrer juntos las tierras de Argentina, Uruguay, Chile, Cuba y Estados Unidos para divulgar la causa independentista de los catalanes. Para explicarla con esa frase que llena la boca de l'Avi: La pervivencia del espíritu rebelde de la Catalunya oprimida.

Palabras, palabras, palabras.

La revolución exige poetas que aviven el fuego. Que escriban ara és l'hora, catalans: dos segles d'esclavatge, d'humiliació i d'oprobi no han pogut matar la veu de la nostra ànima. Que escriban a les armes, catalans: contra la monarquia i contra aquest rei opressor. La revolución exige poetas como Ventura Gassol, capaz de escribir ese triple y solemne juramento antes de lanzarse a invadir Olot por Prats de Molló: Jurem lluitar per Catalunya i la seva bandera. Jurem venjar els nostres germans morts per ella. I jurem també, si és necessari, morir generosament amb la il·lusió i l'esperança de fer reviure Catalunya, i, amb ella, l'ànima immortal d'aquells que han mort per la Pàtria.

Fe, Pàtria i Amor. Y todo cosido por el hilo incandescente de la épica. Pero hoy no bastan las palabras. Hoy toca actuar. Y aunque nadie lo esperaba, a Macià se le han adelantado.

Cuando l'Avi cruza la plaça Sant Jaume casi a las dos de la tarde, distingue en el balcón principal del ayuntamiento una bandera republicana. La tricolor. Ya ha sonado *La Marsellesa* en la plaza a golpe de cornetín. Ya han arrojado por el balcón un busto de Alfonso XIII, decapitado al impactar contra el suelo. Companys se ha asomado al balcón ya. Sin esperar órdenes de su jefe de filas. Volando libre. El Pajarito, lo llaman. Desde allí ha proclamado Companys la República. La República española. Pero esa a Macià no le vale. No está dispuesto a consentir que le escriban la Historia. Y después de abrirse paso con dificultad entre una multitud sorprendida y excitada que lo aclama, que se abalanza sobre él para abrazarlo y besarlo, coronel, Macià, coronel, viscalarepública, viscacatalunya, sube enfurecido por la escalinata enroscada del ayuntamiento de Barcelona.

Es el momento.

El exilio, la cárcel, las renuncias. Las derrotas, los desengaños. Tanta suela gastada, tantas penalidades para llegar aquí. A este instante sudoroso en el que se asoma al balcón. Todos los ojos clavados en el Coronel, héroe popular. L'Avi, con setenta y un años, mira desde lo alto a un vacío que es su interior, poblado de viejos fantasmas, de anhelos dilatados por el destierro físico y espiritual. Cárceles, tribunales y persecución. El ideal.

El fuego. Les tombes flamejants de Ventura Gassol. Aquel poema, que arrancaba con pesadumbre elegíaca —Fou una pàtria, fue una patria—, soñaba el día de aventar la ceniza y prender de nuevo el fuego, oh Pàtria de les tombes flamejants. Ese día es ahora. Ya está en el balcón. A su lado lo acompaña el poeta que inspira su voz. Ciutadans, grita Macià al mar de sombreros detenidos en la Historia. En nom del poble de Catalunya, proclamo la República Catalana.

La República Catalana.

Una palabra y todo se pierde. Una palabra y todo se salva. Eso dijo otro poeta, André Breton. Con esta proclama, qué se pierde, qué se salva.

Nona
[15 — 18 h]

Francisco

Media hora te queda de vida.

Tú lo sabes, Francisco, que te estás muriendo.

Solo tienes dieciséis años. Un niño todavía. Un muchacho con el vientre reventado.

Cómo será tu rostro. Seguramente del montón. Una cara más de las que abundan en los barrios obreros de Huelva y que no merecen ni un mísero retrato. Hoy esos barrios obreros despertaron agitados. Los trabajadores de la compañía minera de Riotinto dejaron los talleres y se lanzaron a la calle, encaminados hacia el corazón de la ciudad. La alegría en los ojos, el paso ligero, la vida que empuja. Un aullido interminable.

Los trabajadores de la mina han ido animando a los obreros de otras industrias para que los secunden y abandonen sus puestos. Que todo el mundo vea quién mueve esta ciudad. Quién lleva sesenta años sacando de las entrañas de la tierra todos sus tesoros. Oro, plata, cobre, plomo, zinc. Todo para la Rio Tinto Company Limited. Para sus accionistas. Para sus directivos de traje a medida y té a media tarde resguardados, detrás del muro y las garitas, en sus mansiones victorianas construidas en Bellavista. Oro, plata, cobre, plomo y zinc para el Imperio británico y sus imperialistas: Gold save the King. Para ellos, para los obreros onubenses, el sudor y la tos. Los humos sulfurosos. El jornal escaso. El picor en la garganta. El zumbido de barreno. Las muertes allá abajo.

Pero el viento parece haber cambiado. Crepúsculo de los reyes, está despuntando el alba.

Durante la pasada madrugada, la Guardia Civil patrulló por las calles de Huelva. La orden era clara: reprimir la manifestación que se proyectaba por el triunfo republicano en las elecciones. Anoche el movimiento callejero no pasó de las banderas y los vivas. Pero esta mañana sí.

Los trabajadores de la compañía minera de Riotinto aglutinaron a más y más obreros. Se formó una manifestación. Las piedras en las manos, apretados los dientes, decidida la barba. Se enfrentaron a la Guardia Civil a caballo. De la vida a la muerte. De la nada a la nada.

Los guardias civiles les ordenaron que se disolvieran. Ellos se negaron. Carga de máuser, tiros al aire, pedradas de rabia. Estalló la revuelta en la Placeta. Y tú por allí. Qué haces tú por ahí. Con dieciséis años. Un niño. Un muchacho. Suenan las detonaciones. La carga. Los gritos y las carreras. Una bala perfora tu vientre. Caes al suelo. Como Luis, como José, chavales como tú. Los tres ingresáis en la casa de socorro. A ti te han operado. Tu desconocido rostro se va deformando entre muecas de dolor. Respira. Suelta el aire. Respira. Relaja el abdomen. Son las tres de la tarde: te queda media hora de vida. Media hora para que dejes de respirar y tu vientre, al fin, se pueda relajar. Media hora para que escriban tu certificado de defunción: Francisco Boza García, de dieciséis años, natural de Huelva y domiciliado en el Polvorín, ha fallecido hoy martes 14 de abril a las 15.25 horas tras recibir un impacto de bala en el abdomen. Media hora para que la indignación recorra Huelva y alguien vea en ti, y en tu muerte, un símbolo. Una oportunidad. Antes eras masa sin rostro. Ahora la masa se sirve de ti.

Alguien, en algún lugar, ya lo está pensando. Primero, el traslado del cadáver desde el hospital hasta esa humilde casa donde los tuyos de verdad te van a velar y que recibirá a los visitantes con una enorme bandera republicana en la pared. Pero tú sigue respirando y soltando el aire. Solo eso. No te preocupes por nada más. Ese alguien, en algún lugar cercano, ya está redactando el panfleto que se repartirá masivamente al amanecer. Dice así: Pueblo de Huelva: Esta tarde a las tres tendrá lugar el entierro de la última víctima de la lucha por la República, cuya sangre generosa fue derramada en aras de este hermoso ideal. Es necesario acudir todos a rendir un homenaje a este pobre niño; homenaje en el que por respeto a su memoria debemos conducirnos dentro de la mayor cordura y sensatez.

Inspira y espira, Francisco. Ya queda menos. Y mientras, van planificando tu entierro. El féretro, cubierto por la bandera republicana y portado por los jóvenes de la ciudad. La comitiva, encabezada por las banderas de los partidos republicanos y los sindicatos. Familia, coronas florales y bien visibles los nuevos concejales, el nuevo poder de la ciudad. Detrás, miles de personas. Una marea emocionada, llena de rabia y dignidad. En los balcones, banderas tricolores con crespón negro y una lluvia de pétalos para el muchacho caído por el hermoso ideal. En el cementerio onubense de San Sebastián, otra bandera republicana sobre el ataúd con una leyenda elegíaca: La República, a la última víctima de la tiranía española.

Sí, así estará bien, piensa Hamelín.

Ya todo está arreglado, Francisco. Te estás muriendo. Hincha y relaja el vientre. Dirán que cantando se espera a la muerte. Que hay ruiseñores que cantan encima de los fusiles y en medio de las batallas. Se dice tanto. Pero tú ni caso. Tú solo respira. Ya todo se acaba, Francisco. Un rostro común, otra sangre derramada.

Mártires de la Libertad. Héroes de Jaca. Dos mitos de la patria republicana. Eso son los capitanes de invierno Galán y García Hernández, fusilados hace cuatro meses por haberse sublevado contra la dictadura del general Berenguer y contra la monarquía que la sustentaba. Murieron por una fe laica, por un ideal revolucionario que, inflamado en esta hora, va a rendirles el honor que merecen.

Son las cuatro de la tarde. Una manifestación parte de las calles de Huesca. Se dirige al cementerio. A las tumbas de los dos capitanes. Sus retratos abundan en las calles de toda España. Sobre todo circulan en pasquines, de mano en mano, como estampitas que venerar.

Son pura iconografía martirial.

A la izquierda, el capitán Fermín Galán. El pelo rizado y moreno parece trabajado a trépano. La frente ancha resalta unas cejas un tanto asimétricas. La mirada enfoca un tiempo que no es presente ni pasado ni futuro; un tiempo que discurre al margen de las coordenadas conocidas por plebeyos y mortales. La cara limpia, blanca, pura. Los labios pegados con una expresión algo melancólica. Una belleza icónica. El uniforme militar, abotonado y con correa cruzada, le aprieta el cuello. Es un retrato, pero parece la escultura de este hombre fusilado a los treinta y un años, ateo y masón, iniciado en la logia Hispano Americana número 379 de Madrid. Un capitán de infantería que luchó con la Legión en la guerra del Rif. Un hombre de acción, iluminado por el pensamiento anarquista de Bakunin y por el método revolucionario de Marx, que ya había probado la cárcel. Estuvo encerrado tres años y medio en el castillo de Montjuïc por haber intentado derrocar, con los generales de la Sanjuanada, la dictadura de Primo de Rivera.

A la derecha de la imagen, el capitán Ángel García Hernández. El peinado hacia atrás, con brillantina que fija y da esplendor, domina un busto alegre con ojos vivos, acuosos, dos pupilas con fe en el mañana. El rigor del uniforme, que mutila la garganta, no atenúa el júbilo de esa juventud segada a los treinta años. El hijo de un capitán de infantería y de doña Esperanza, el romántico militar que había respondido a la llamada africana del Tercio de Extranjeros tras el desastre de Annual y lo pagó con graves heridas en el hospital. A cambio, ese inefable metal de oro y esmaltes: la Medalla de Sufrimientos por la Patria.

Estos son los mártires que alientan e iluminan, como predicadores mudos, el giro de la Historia. Estas, sus estampas. Ahora ha comenzado la peregrinación a sus santos lugares.

Una muchedumbre recorre Huesca. A mediodía ya hubo una manifestación. Llegaron al ayuntamiento e izaron la tricolor. Lo mismo en la diputación y en el gobierno civil. Pero el momento más emotivo fue cuando el gentío —banderas ondeantes y bocas abiertas serpenteando por la Huesca vieja— pasó por la calle de las Cortes y se detuvo ante la casa del artista anarquista Ramón Acín. El hombre que de joven fundó el periódico *La Ira. Órgano de expresión del asco y de la cólera del pueblo* es hoy un reputado pintor, escultor y maestro. Un libertario pacifista que ha pagado con la cárcel la defensa de sus convicciones.

La muchedumbre aplaude. Sabe perfectamente que Ramón no está. Que se ha exiliado a París para evitar la cárcel. Sabe que no le perdonarán su papel de enlace entre la parte civil y la militar de la insurrección de Jaca. Ramón no está. Pero los manifestantes han hecho salir al balcón a su esposa, Conchita Monrás, y a sus dos hijas, Katia y Sol. La ovación ha sido enorme. Conchita, de figura espigada y un atractivo natural, con la paz en el rostro y la sonrisa fácil, saluda con la mano a los manifestantes. Es difícil no sonreír en ese instante. Ella, tan avanzada, con su esperanto, sus partidos de tenis, sus actuaciones en el teatro, su carrera de piano; ella, con su bellísima historia de amor con un hombre diez años mayor que pasó dieciocho años escribiéndole cartas tiernas y apasionadas —Serás siempre el consuelo de mi aflicción y la causa de mi alegría, le escribe en una, y no hace falta añadir más—; ella, Conchita, saluda y saluda, y la muchedumbre reconoce el valor de quien se ha jugado el tipo para que llegue este día. Cuántas tardes ha ido Conchita a poner flores sobre la tierra donde fusilaron al capitán Galán, buen amigo de la familia, que tantas noches de conspiración pasó en su casa de Huesca para volver a la mañana siguiente a Jaca. Cuántas tardes y cuántas flores. Yendo casi de tapadillo. Siempre con una mezcla de orgullo y temor.

Pero hoy es distinto.

La manifestación sigue su camino hacia el cementerio. El sol de la tarde. El viento en la cara. El qué pasará y cómo será. Una primavera fría, como siempre en Huesca, pero ya primavera. El viento en la cara.

Las dos tumbas están separadas.

En la parte católica del cementerio, nicho 117 de la cuarta fila, descansan los restos de Ángel García Hernández. Él era católico. Se confesó con un cura antes de que lo fusilaran. Qué se dice en ese instante último de la confesión, cuando sabes que tu esposa Carolina y tu hija María Esperanza se quedan solas. Que nada ha servido de nada.

En la parte no consagrada, directamente sobre el suelo, una lápida blanca custodia la tumba de Fermín Galán Rodríguez. Capitán de Infantería. 4 octubre 1899 – 14 diciembre 1930. DEP. Su madre y hermanos.

Hace cuatro meses, en el polvorín del camino viejo de Fornillos, uno y otro estaban de pie, separados unos diez metros frente a dos pelotones de ejecución. El silencio último, la mente en blanco a cada lado de la trinchera, imaginaria, aberrante.

Ahora solo queda el mármol, los nombres, el mito constante más allá de la muerte. Solo mártires recibiendo flores, lágrimas y aplausos de una masa emocionada.

Un vivalarepública agónico salió de tu boca, Fermín, mientras caías desplomado sobre la tierra.

Pues ya está, aquí la tienes. La República. Viva.

Dieciséis años son muchos o pocos. Depende.

Santiago, el muchacho que escribe la información municipal en las páginas de *El Socialista,* tiene dieciséis años. Es el benjamín de los periodistas que cada día, a eso de las doce, se juntan en el patio de cristales de la Casa de la Villa. Allí, bajo las vidrieras de la cúpula y con el eco que aviva el mármol, discuten acerca de los asuntos del consistorio y de la situación política. Se puede oír vociferar en defensa de la monarquía al agresivo Gómez Aparicio, de *El Debate,* ver palidecer ante las blasfemias al carlista y católico Bocos, de *El Sol,* o escuchar las ideas republicanas de Llagunes, de *Informaciones,* o De la Serna, del *Heraldo.* Para Santiago, codearse con ellos es un sueño que no esperaba vivir cuando a los nueve años llegó, con acento asturianu y sin zapatos, a Madrid.

Su infancia en Gijón y Avilés permanece anclada a un recuerdo: la Guardia Civil llevándose de casa a su padre para cumplir condena por algún delito político o social. Aquello lo vivía no con vergüenza, sino con el honor de ver a su padre, Wenceslao *el Sindicalista,* sacrificarse por gente humilde como la de su barrio: Manolo *el Querido*, María *la Castellana*, Josefa *la Zapatilla*.

Fue una niñez calzando madreñes en invierno y alpargatas en verano. Una infancia en la que un hermano, Roberto, moría de viruela, y otra hermana, Margarita, con solo dos meses de vida, moría de meningitis y recibía el entierro más triste: su padre compró un pequeño ataúd blanco, colocó en su interior frío a la niña y se llevó el féretro, debajo del brazo, hasta el cementerio. Solo. A pie. Sin coche de caballos. Sin acompañamiento.

Llegar a Madrid fue aterrizar en otro mundo. Una colmena de pequeños apartamentos aislada por descampados. La ciudad. El bullicio. La dureza. Las burlas por el acento. Las peleas de niños detrás de la lechería. El orgullo en los puños. Los compañeros de *El Socialista* haciendo una suscripción para recaudar cien pesetas y comprarle un abrigo a su padre, redactor, y unas botas de agua para el hijo. Esas pequeñas humillaciones que roen la dignidad.

Pagar seis duros por cada asignatura del bachillerato era un presupuesto inalcanzable para la familia. Por eso Santiago se despidió del sueño de ser ingeniero y, con menos de catorce años, entraba como aprendiz en la imprenta de *El Socialista*. Ya es afiliado de la UGT y de la Juventud Socialista. Cada atardecer va a la Casa del Pueblo. A oír hablar de política, a debatir, a aprender esperanto; un interés por las ideas que el director de *El Socialista*, Andrés Saborit, ha sabido detectar. Por eso lo ha sacado de la imprenta para llevárselo a la redacción. Hace un año que es periodista. También forma parte del Comité Juvenil Antimonárquico de Madrid. Está dispuesto a todo por la República. Ya lo ha demostrado.

Hace cuatro meses, hasta le dieron una pistola del 6.35 para acudir a las cinco de la mañana a un cuartel donde debía producirse una sublevación tras la insurrección de Jaca. Aquello acabó en nada. Una nada armada que siempre deja poso. Sin embargo, lo de hoy avanza por buen camino.

Santiago deambula por el centro de Madrid. Gente, mucha gente. Todavía lleva el susto en el cuerpo. Anoche iba en un taxi sin capota con otros muchachos y con banderas republicanas. Se disponían a plantarse en la Presidencia del Gobierno para pedir la abdicación del rey. Un arrebato juvenil al día siguiente de las elecciones. Ese era el plan. Sin embargo, al pasar por Recoletos, sin que pudieran esperar algo así, un doble cordón de guardias civiles —unos rodilla en tierra y otros detrás de pie— comenzó a disparar sus fusiles. Santiago se arrojó al suelo del taxi y pudo ver cómo una bala perforaba una puerta del vehículo e impactaba en el asiento trasero. Un milagro entre sangre ajena. Los guardias civiles los rodearon, los sacaron del coche, los pusieron manos en alto un largo rato. Finalmente los dejaron en libertad.

A muchos ese susto los hubiera tenido quietos unos días. A Santiago no. No es de esos. En la Cibeles se está formando una gran manifestación, y él tiene una misión. Una misión que le encarga Saborit: Coge mi coche oficial, ve a casa de Besteiro y tráelo al ayuntamiento: hay que proclamar ya la República en Madrid.

Santiago obedece. Dieciséis años son muchos o pocos para esta misión. Qué importa eso. Llega a casa de don Julián, concejal socialista electo anteayer. A Besteiro —alto, sesentón, pelo entrecano, rostro icónico— lo encuentra descansando. En un estado muy alejado del nervio que a esta hora de la tarde recorre la capital. Besteiro se viste apresuradamente, montan en el coche atraviesan un Madrid que va cambiando a cada hora, como la luz de la primavera.

De camino a la plaza de la Villa, tomada por la multitud para ver el izado de la bandera republicana, el muchacho no para de pensar. Piensa: Se va a acabar la opresión, la tiranía, vamos a ser libres. Piensa: Todos viviremos mejor, habrá más igualdad; cesará el paro, el hambre y la miseria. Piensa: Tendremos otra vida, dejarán de mandar los curas, los militares y los aristócratas. Pero cómo pasará todo eso, cómo se hace eso, se pregunta el joven Santiago Carrillo.

Un taxi surca las calles del centro de Madrid. Dentro va una mujer, misteriosa mujer. Va sola. Le ha costado mucho poder ir sola y acariciar esa palabra que ni la alta burguesía a la que pertenece ni la aristocracia con la que emparentó le habían concedido: libertad.

Hace un mes que regresó a la capital en el tren de Málaga, una vida reflejada en la ventanilla con Sierra Morena al fondo, alejándose para siempre. Tiene veinticinco años y un documento firmado ante notario. En ese papel, su marido, que ya no es marido, que ha aceptado que la relación —amarga, infeliz, un drama cotidiano— ha dejado paso a la repugnancia y el desprecio, le otorga a ella, Constancia de la Mora y Maura, el poder de quedarse con la pequeña Luli y de ocuparse de su educación.

Con ese papel ha entrado en la estación del Mediodía ilusionada, fuerte, segura del porvenir. Acaba de empezar una nueva vida. Atrás queda Málaga y sus familias pudientes, tan alejadas de los desarrapados y los hambrientos, tan insensibles a las vidas pobres y miserables. Más atrás, en la memoria, ha quedado una infancia de palacetes e institutrices irlandesas, una adolescencia de colegios de élite e internados en Cambridge. De aquello, tal vez, solo queda el sedimento y un nombre coqueto y a la vez rebelde: Connie.

Connie va en el taxi. Madrid bulle, como su vida. Ha regresado a la capital. Pero no a vivir en la casa de sus padres, no a ser una mantenida. Eso lo hacen las otras, las hijas de clase alta que se separan del marido. Ella no. Ella ha decidido separarse de un hombre al que aborrecía, y separarse también de los usos y costumbres de su clase social, a la que empieza a aborrecer. Por eso ha alquilado su propio piso, para vivir allí con su hija de cuatro años, y se ha puesto a trabajar en la tienda de su amiga Zenobia. Y eso tiene un precio. Hace unos días lo descubrió.

Visitaba a la marquesa de Arriluce, la madre de su mejor amiga, la mujer que la había acogido en su ilustre casa desde los diecisiete años. Un criado de librea le abrió la puerta, como siempre. Luego apareció la marquesa: fría, rígida, distante como nunca. Es verdad que eres republicana, le preguntó a bocajarro la marquesa de Arriluce. Constancia nunca se lo había planteado. La política jamás le había interesado. Es curioso. Cada día de su vida había besado la mano de Antonio Maura. Esa mano, la mano de su abuelo, cinco veces presidente del Consejo de Ministros de Alfonso XIII, había mecido la política española muchos años. Pero ella la besaba como abuelo, nada más. Es verdad que eres republicana, le inquirían de nuevo. Por separarse de su marido. Por renunciar a vivir con sus padres. Por querer mantenerse con su propio trabajo y buscar la independencia económica para ella y para su hija. Algo revolucionario. Algo, sin duda, republicano. Es que no puedes contestar, le atosigaba al lado la institutriz irlandesa miss Wall, el tono severo, la cara de piedra. Silencio. El silencio tenso y electrizante que preludia la tormenta. Huevo en Madrid. Oruga en Málaga. Crisálida ahora. Claro que puedo contestar, chilló Connie. Si desear que cambien las cosas en España es ser republicana, entonces soy republicana. Si querer que haya justicia es ser republicana, entonces sí que soy republicana. Si desear que coman los campesinos muertos de hambre es ser republicana, entonces yo soy republicana. La crisálida eclosionando, sacando las alas, necesitando volar. La marquesa dijo adiós Constancia. El criado abrió la puerta. Y antes del portazo, bajando la escalera a toda prisa para respirar hondo en la calle y marcharse al Retiro a caminar, todavía oyó un grito, un alarido plebeyo de marquesa: Has traicionado la historia de tu abuelo y lo que defendió toda su vida. Nuestra amistad se ha acabado para siempre.

A los quince días ya no le quedaba un solo amigo de la infancia. La aristocracia no perdona: el castillo siempre se repliega y fortifica. Sin embargo, ahora tiene algo que jamás había imaginado: ideas propias.

El taxi de Connie rueda por la plaza de Cibeles. Va camino de casa. Pero al llegar frente al edificio de Correos y Telégrafos el chófer pega un frenazo y el taxi para en seco. Hay un nutrido grupo de personas que miran a los balcones del segundo piso del Palacio de Comunicaciones, blanco, flamante, moderno. Constancia saca la cabeza por la ventanilla. Quiere ver qué pasa. Quiere enterarse. Se asoma por la ventanilla y contempla la insólita escena: el personal de Correos y Telégrafos está colocando en el balcón central del edificio una bandera republicana. Es la primera en un edificio oficial de Madrid. El chófer sale del taxi. Constancia también. Se funden con la multitud, cada vez más numerosa y apiñada. Todos miran hacia arriba, a esas banderas tricolores que van coronando —uno detrás del otro— los edificios públicos de la plaza. Las banderas monárquicas son arriadas una a una. El entusiasmo desborda la muchedumbre. Bocinazos, gritos, aplausos. Gorras y sombreros se descubren para saludar, para reverenciar lo nunca visto, a lo sumo imaginado.

Cada vez más taxis y más coches confluyen en Cibeles. Parece que haya más que nunca. Van más lentos que nunca. Banderines rojos ondean por las ventanillas. Sobre el capó de muchos vehículos luce el cartel electoral de los republicanos que están repartiendo en la Casa del Pueblo: una figura femenina, alegoría de la República. Pasa un taxi con un botones vestido de rojo sobre el capó. La gente ríe y vocifera. Seis telegrafistas van informando desde los balcones, por medio de hojas de telegramas, las últimas noticias recibidas desde todos los puntos de España. En Barcelona ya han proclamado la República. La República en Barcelona. La sala de aparatos echa humo entre tanto hilo y tanta conferencia. Los telegrafistas —Polo, Soleto, López Fernández, Llabres— consiguen unas sacas rojas y las cuelgan de las ventanas del Palacio de Comunicaciones para celebrarlo. Pero, ante todo, refulge esa bandera republicana, la primera en Madrid. La gente, pasmada, la mira. Cada vez más gente, hipnotizada, la mira. Salen de los cafés, de las tiendas y de los comercios cercanos para mirarla quieta, porque no hace viento en esta tarde clara de abril. Simplemente eso: la miran.

Constancia de la Mora también la mira.

Mira el morado, el color del pendón de Castilla, dicen erróneamente; el color de los rebeldes comuneros, dicen equivocadamente; el color del viejo Tercio de los Morados; el color del liberalismo español desde hace un siglo; el color de progresistas y demócratas que remata su bandera en casinos y ateneos republicanos.

Pero ahora Constancia la mira en el cielo de Madrid.

Hace dos días, cuando iba en el Ford de Zenobia escudriñando el ambiente electoral de colegio en colegio y sin poder votar por ser mujer, no podía ni soñar con este momento. Esa larga tarde de domingo se la pasó con Zenobia y con Inés en un pisito encima de la tienda. Estaban excitadas. Hablaban sin parar. ¿Qué sería la República? Imaginaban una España nueva. Una nación moderna. Con justicia social. Con libertad de conciencia. Con los campesinos viviendo como seres humanos y no como bestias. Con muchas escuelas. Sin corrupción. Una España donde reinara la vida en lugar de la muerte. Todo parecía un cuento de hadas. De esos que jamás cuentan las institutrices irlandesas a las niñas bien con palacete y criadas. Ahora el cuento se despliega ante ella: el clamor de los plebeyos ahogando el clamor de las marquesas. Connie está de pie en Cibeles. Lo mira todo. A ella nadie la mira. Por fin está sola. Entre la muchedumbre, pero sola. Sola con un papel, con un trabajo y con un lujo vetado a mujeres como ella: ideas. Quizá eso quiere decir, para ella, la bandera que ahora mira.

El encargo no es fácil: cómo se despide un rey de su pueblo. Hay que redactar una despedida. Hoy mismo, a toda prisa. Una despedida que deje puertas abiertas, que no cierre ninguna, que esté a la altura de la Historia. Una despedida con martillo, cincel y efluvios de posteridad.

El negro real tiene pedigrí: Gabriel Maura, primer duque de Maura, quinto conde de la Mortera, senador vitalicio, ministro de Trabajo y Previsión, hijo de don Antonio Maura, el cinco veces presidente. El duque —cejas alicaídas, nariz divisoria, cara de hogaza sin apreturas— se sienta en el Hotel Ritz. Cerca queda su mano derecha en el ministerio, Miguel Colom Cardany. Cómo se despide un rey. En eso piensa el ministro frente a una página en blanco que azora y electriza. Será su último servicio a su majestad.

Cada palabra va a ser examinada con precisión de entomólogo. Que diga lo justo: ni más ni menos de lo que se pretende.

El título es sobrio: Al país.

El duque empieza así: Las elecciones celebradas el

domingo me revelan claramente que no tengo hoy el amor de mi pueblo. Mi conciencia me dice que ese desvío no será definitivo, porque procuré siempre servir a España, puesto el único afán en el interés público hasta en las más críticas coyunturas.

El amor de mi pueblo, una bella expresión. Procuré siempre servir, buen amago de reivindicación.

Gabriel Maura es hombre leído, eminente historiador, conoce a fondo la monarquía y las tramoyas del poder. Empuña la pluma, sabe que en el nudo se la juega. Y continúa así: Un Rey puede equivocarse, y sin duda erré yo alguna vez; pero sé bien que nuestra Patria se mostró en todo momento generosa ante las culpas sin malicia. Soy el Rey de todos los españoles, y también un español. Hallaría medios sobrados para mantener mis regias prerrogativas, en eficaz forcejeo con quienes las combaten. Pero, resueltamente, quiero apartarme de cuanto sea lanzar a un compatriota contra otro en fratricida guerra civil. No renuncio a ninguno de mis derechos, porque más que míos son depósito acumulado por la Historia, de cuya custodia ha de pedirme un día cuenta rigurosa.

El duque relee lo escrito. Parece que está todo. La asunción de culpa por haber apoyado la dictadura de Primo de Rivera. La precaución de no renunciar a los derechos dinásticos. La responsabilidad de evitar una guerra civil.

La tarde avanza. No puede fallarle al rey, que es quien le ha hecho el encargo. Ha de terminar el texto y entregárselo. Queda lo más difícil. El broche amargo al manifiesto, al trono, al país. Es curioso: este hotel fue inaugurado por Alfonso XIII. El rey quería para la Corte un hotel de lujo como los de Londres y París. Con alfombras de la Real Fábrica de Tapices, mantelería irlandesa, vajilla francesa, cubertería inglesa. Hoy todo eso parece opacado, sin fulgor. Un mundo se apaga. Y es, justamente, el del Ritz.

El duque toma la palabra ajena y escribe las tres últimas frases, que suenan así: Para conocer la auténtica y adecuada expresión de la conciencia colectiva, encargo a un Gobierno que la consulte convocando Cortes Constituyentes, y mientras habla la nación suspendo deliberadamente el ejercicio del Poder Real y me aparto de España, reconociéndola así como única señora de sus destinos. También ahora creo cumplir el deber que me dicta mi amor a la Patria. Pido a Dios que tan hondo como yo lo sientan y lo cumplan los demás españoles.

Me aparto de España. La frase es rotunda. Y ambigua. Un exilio temporal y voluntario por magnanimidad, no una renuncia al trono. El punto final es siempre un alivio. En esta ocasión más. El negro ha terminado su discurso, todavía secreto. Las últimas palabras oficiales de Alfonso XIII como monarca. Es hora de entregárselo.

Los gritos no acaban en el hospital de Mora. Rosa Vila está pariendo. Tumbada en la cama y empapada de sudor, grita en aullido interminable. Ya ha dado a luz tres veces. Pero este parto es a vida o muerte. Sus ojos se cierran. El dolor suena insoportable. El médico que la atiende, Pablo Bauzano, de Chipiona, ya no sabe qué hacer. Es un calvario, una lenta agonía; cuánto cuesta alumbrar una vida. Los gritos de Rosa van perdiendo fuerza. Puede morir en cualquier instante.

Justo enfrente del hospital, las aguas tranquilas de la Caleta, en Cádiz, evocan las frías y atlánticas aguas de la ría de Cedeira, en su Loira natal. Desde allí bajó Rosa con Santiago, su marido, también gallego, natural de Bueu, para asentarse en Cádiz, a mil kilómetros de casa. Nada de morriña. Él tiene un carácter fuerte, rudo, a veces incluso virulento. Además, el negocio prometía: armador de barcos pesqueros en Cádiz y en Galicia. Una vida junto al agua. Porque todo va al mar.

El médico ha de tomar una decisión.

La luz de las cinco de la tarde se filtra suave por las ventanas del blanco edificio. Afuera, el día se agita como en el hospital: convulso, febril, a vida o muerte. El pueblo gaditano se arremolina a esa misma hora delante del ayuntamiento. Algunos aún comentan lo vivido de madrugada en las calles del centro. Vivas y mueras, cánticos de *La Marsellesa*, alaridos y abucheos. Sobre el rótulo de la plaza de la Constitución, un grupo de jóvenes colocó un cartel: plaza de la República. Sobre la calle Duque de Tetuán, colocaron otro: Fermín Galán y García Hernández. Era muy tarde cuando algunos grupos, que cruzaban la calle Cánovas del Castillo, la emprendieron con un colaborador de *La Gaceta de Tenerife*. Lo insultaron, le gritaron, lo obligaron a refugiarse dentro del Bar Real. Más de cien personas a las puertas del establecimiento obligaron al dueño a que hiciera salir a la calle al pobre hombre acosado. Así ocurrió. Y entre silbidos, burlas y gritos —sin pegarle, pero sin piedad— lo acompañaron un largo trecho por las calles oscuras de la ciudad. Eso sucedió anoche. Ahora, a estas cinco de la tarde, Cádiz quiere más que simbolismo. Quiere lo que todos: que la bandera republicana flamee en lo alto de su ayuntamiento. Y eso, trascendental para los libros y los periódicos, palidece ante la escena a vida o muerte que se desarrolla, en lenta agonía, en esta habitación del hospital de Mora.

El médico sufre. Pablo siempre sufre con el mal ajeno. Tiene una profunda conciencia social. Por eso está fascinado con las ideas republicanas. Sobre todo, con las de izquierda. También se siente atraído por la masonería y su humanismo fraternal. ¿Y si el mundo fuera otro, más justo, mejor? ¿Y si nos priváramos de las vanas riquezas y de los engañosos placeres para ser todos libres, iguales, fraternos? Son abstracciones que le seducen pero que ahora no tocan. Ahora sus ojos están fijos en ese cuello de útero que debe ensanchar, esa matriz que debe limpiar, esa mujer que no puede volver atrás porque la vida ya le empuja. La mujer salva la vida. Rosa deja de gritar. Quien chilla ahora es su hijo Pepe, nacido en Cádiz a la misma hora que la República. La vida abriéndose paso. La Caleta al fondo, la ría de Cedeira lejos, el agua en calma, todo yendo al mar.

Hay que sacar de España al infante don Juan. Eso piensa Wenceslao Benítez, director de la Escuela Naval Militar de San Fernando. Hay que sacar al alumno Borbón. No hay otra opción.

Las clases de la mañana en la escuela, cantera de la Armada española, empezaron con la sesión de gimnasia. El chico, diecisiete años y de blanco marinero, corre rodeado de compañeros. Parece uno más. No lo es. Él se llama Juan Carlos Teresa Silverio Alfonso de Borbón y Battenberg, infante de España, alteza real, tercero en la línea de sucesión al trono. Por eso hay que actuar. Ya.

La clase ha sido interrumpida. Al alumno Borbón y Battenberg le han dado una orden: debe presentarse inmediatamente en el despacho del director, su preceptor personal. Así lo hace.

Sentado en su despacho lo espera Wenceslao Benítez, un hombre curtido, cincuenta y un años, con un historial que puede leerse en su uniforme de gala: capitán de navío; cuatro cruces al mérito naval y una al mérito militar que dan cuenta de operaciones como la que protagonizó en la guerra del Rif y en el desembarco de Alhucemas al mando del portaeronaves *Dédalo*; y, lo más reciente, esa pequeña llave dorada con flecos de oro que lleva prendida en el flanco derecho de su traje. Es el símbolo de su nombramiento como gentilhombre de cámara de Alfonso XIII, un gesto de aprecio real, sin duda por su tutelaje del infante de España. Así lo juró en Palacio el jueves pasado. Esa simbólica llavecita le otorga un privilegio con el que sueñan tantos nobles y arribistas, tantos conspiradores y corruptos: tener el paso libre en el Palacio Real hasta la cámara del monarca.

Pero de qué sirve ahora todo eso, todo ese boato, ese ritual de gestos y símbolos. Ahora es irrisorio. La monarquía está asediada. No es tiempo de llavecitas doradas. Ahora se imponen las prioridades mundanas. Para unos el pan; para otros, la huida. Hay un infante de España en peligro. Por eso, el director de la escuela naval es tajante cuando lo recibe: la situación en Madrid es muy delicada y su majestad el rey ha ordenado que su alteza el infante salga, sin perder tiempo, rumbo a Gibraltar. El alumno Borbón hace lo único que puede: acata la orden y se pone en marcha.

No hay tiempo para melancolías. Ya lo habrá, sin duda. El hijo del rey abandona el despacho del director y se encamina hacia el Castillito, con sus ventanas ojivales y sus torres almenadas, con un ambiente paradisiaco tan distinto del cuartelario. Allí se hospeda el infante desde el primero de septiembre. No es uno más en la escuela, eso lo saben todos los aspirantes de marina, los guardiamarinas y los profesores, aunque simulen lo contrario. Su propietario ha cedido este castillo y, durante el verano, lo han acondicionado para su ilustre huésped. Allí pasa los días y las noches el infante. Cuentan que el rey, en un viaje a Suecia a bordo del crucero *Príncipe Alfonso*, prometió a los marinos que entregaría a la Armada a uno de sus hijos para que compartiera la gloria y las penalidades. Tal vez la gloria. Las penalidades, en este castillo, no. Hasta ahora.

El infante, ayudado por un contramaestre y dos marineros de servicio, recoge sus pertenencias y van cerrando maletas, una a una. Ya no habrá más remo en el arsenal de la Carraca ni más baños en la playa de Torregorda con caseta propia incluida. Toca salir de España. Y la despedida se demora lo justo. Profesores y compañeros contemplan al aspirante Borbón. En el apostadero de San Fernando ya le espera el torpedero número 16 listo para embarcar y alejarlo de suelo patrio. Lo acompaña el capitán de fragata y profesor de la escuela Fernando Abárzuza, un marino que se marea navegando y que por ello hace una década que pidió el pase al servicio de Tierra. Al mando va el teniente de navío Javier Biondi Onrubia, republicano acérrimo y miembro de la logia masónica Hermano Vigor, de Cádiz. Una curiosa compañía. Qué sentirá el teniente republicano, alias *Virgilio* en ambientes masónicos. Y el joven aspirante, qué sentirá. Él está a punto de emprender un viaje corto en el espacio pero quién sabe en el tiempo. El destino es Gibraltar, viejo refugio para los liberales españoles perseguidos por el absolutismo del siglo anterior. Ahora, quien huye hacia el peñón británico no es un político ni un general. Es el hijo del rey.

En los corros de Granada tararean un romance, monótona salmodia popular, mientras los niños, cogidos de la mano, hacen la tonada sonar: Marianita salió de su casa y al encuentro llegó un militar, que le dice: Por Dios, Marianita, que hay peligro, vuélvase usted atrás. Marianita se metió en su cuarto y allá sola se puso a pensar: Si Pedrosa me viera bordando la bandera de la libertad. El corro avanza. Se abre y se cierra. Y los niños vuelven a entonar: Marianita, al juzgado te llaman, y te llaman para declarar. Si confiesas lo que te reclaman, aún la vida te pueden salvar. A sus hijas llevan a la sala por ver si algo pueden conseguir, y contesta Mariana, muy firme: No confieso, prefiero morir. Ruedan y ruedan los niños. Finas manos, sonrisa lechosa, aguda voz. La melancólica cadencia termina de sonar: A Mariana llevan al cadalso, mucha gente llorando allí va, y sus hijas por detrás decían: Vuelve a casa, querida mamá. Oh, qué día tan triste en Granada, que a las piedras les hizo llorar al ver que condenan a Mariana al cadalso por ser liberal.

    Así llevan un siglo los niños de Granada. Un siglo venerando a Mariana Pineda: símbolo liberal, emblema contra el absolutismo, heroína popular. Mariana Pineda: ejecutada en Granada hace cien años por bordar en secreto, para los liberales, una bandera morada con tres palabras prohibidas: Ley, Igualdad, Libertad.

No extraña que el pueblo granadino, excitado y temeroso por lo que acaba de presenciar, se encamine hasta aquí, hasta la plaza de su mito liberal, hasta el monumento a Mariana Pineda. Puro instinto. Epopeya popular.

Estaban en la plaza del Carmen. La ansiedad en el rostro. El retumbar de los cohetes. Los estudiantes marchando en manifestación. Han irrumpido en el ayuntamiento con la fuerza que solo dan la juventud y la promesa de un mañana mejor. Se han asomado a los balcones, bocas abiertas y vivas en la garganta. La primera operación ha sido rápida: uno descolgó el cuadro de Alfonso XIII y lo arrojó a la plaza para que la multitud lo linchara hasta destrozarlo. Otro colgó una bandera roja en el asta del balcón central. Granada es roja. El Borbón, muera el rey, ha sido destronado. El delirio se desboca. Unos cantan *La Marsellesa*. Otros el *Himno de Riego*. Quien no ríe jamás lo hará. Al teniente de seguridad don Justo, que suda, que sonríe y pide paciencia, que deja hacer y solo demanda orden, la muchedumbre lo aclama. Lo ovaciona. Hasta lo pasea en hombros. Vivalarepública. Viva don Justo.

Más grupos llegan a la plaza del Carmen. Ya está atestada de gente cuando suenan las cinco campanadas y en la plaza entran, bien vestidos, los nuevos concejales republicanos. El poder sigue al pueblo, y no al revés. Qué si no es la revolución. Los concejales suben solemnes y circunspectos por las escaleras del ayuntamiento. Al poco llega el alcalde, indignado con esta toma improvisada de la Bastilla granadina. En nombre de quién han entrado en el ayuntamiento, inquiere el alcalde en el salón de sesiones. De los concejales elegidos por voluntad del pueblo, le responde con gravedad y desafío el concejal Alejandro Toledo. El alcalde, Fermín Garrido, siempre don Fermín, protesta por no haber sido avisado. La respuesta del edil republicano es firme: Hoy no existe más que el ayuntamiento elegido por el pueblo. Nosotros, le dice, hemos venido aquí empujados por una masa de ciudadanos. Pero usted puede quedarse aquí, le añade, pues esta también es su casa. Sus palabras son ovacionadas. Un relevo pacífico. Eso parecía. Hasta que en la plaza, cascotes de caballo y sables al cielo, irrumpe con bravura y brusquedad un viejo conocido: el siglo XIX.

Una sección de caballería del regimiento Lusitania invade la plaza. Va a la carga, con violencia, como ha ordenado el capitán Rubio, que manda a los jinetes. Al pobre Francisco Zafra, diecinueve años, mecánico, las manos siempre sucias de grasa, le asestan un sablazo en la cabeza y lo dejan malherido en el suelo. A Miguel Donaire, ferroviario de veinticuatro, lo golpean brutalmente en la nariz. Vuelve la sangre, siempre la sangre. De mecánico, de ferroviario, de manos sucias y encallecidas. La sangre y las carreras. La sangre y el miedo. La sangre y la rabia. El sino de toda revolución.

El teniente coronel de infantería Santiago Taboada llega a la plaza. La masa, enfurecida, pide a gritos que las fuerzas de caballería se retiren. Él toma el mando y ordena a las tropas de caballería que envainen los sables; hay que respetar al pueblo y evitar más sangre. La gente chilla, aplaude, lo ovaciona, y ahora es a él a quien suben a hombros. Vivaelejércitorepublicano, exclaman. Viva.

Por el cielo sobrevuelan unas escuadrillas de aviación del aeródromo de Armilla. Los aviadores saludan a la masa. La masa mira hacia arriba, con la boca abierta y el cuello estirado. Algunos ya no están. Se han marchado de allí. Ahora rodean la plaza de Mariana Pineda. Ya han entrado en el jardín. Tienen delante a la estatua de mármol blanco. Ella. El mito liberal. Es inevitable mirar antes el pedestal escalonado que la sostiene y leer su leyenda: Granada, al heroísmo de doña Mariana Pineda. La posteridad admirará sus virtudes. Víctima de la Libertad. Con el secreto inmortalizó su nombre. Eso pone. Heroísmo, Libertad, Posteridad. Palabras gruesas. Inscritos en la piedra pueden leerse los nombres de los héroes sacrificados por la tiranía del absolutismo, desde la guerra de la Independencia hasta el fin del reinado de Fernando VII.

Porlier, Mariscal de Campo. Coruña, 1815.
Daoíz y Velarde y compañeros. Madrid, 1808.
Lacy, Teniente General. Mallorca, 1817.
Riego, Mariscal de Campo. Madrid, 1823.
Hoyos, Lluch y compañeros. Almería, 1824.
Martín Empecinado, Mariscal de Campo. Roa, 1825.
Miyar, del comercio. Madrid, 1831.
Torrijos, Manzanares y compañeros. Málaga, 1831.
Sujuto, padre e hijo, nacionales. Cádiz, 1831.
Abad, Brigadier. Granada, 1826.
Aso, Comandante y compañeros. Granada, 1825.
Rumi, abogado. Málaga, 1832.
Un apellido, un oficio, un lugar y un año. A eso quedan

reducidas las gestas. Sobre ellas se yergue, alta, majestuosa, la estatua de Mariana Pineda. El cabello suelto, largo, ondulado. La mano izquierda sobre el corazón, junto a una cruz. La derecha tocando una bandera —su bandera— cuyos pliegues dejan entrever tres palabras: Patria, Ley, Libertad.

La masa excitada la rodea, escala hasta ella, la envuelve con una bandera tricolor. Se oyen cánticos y gritos, más vivas que mueras, banderas rojas y republicanas. Casi nadie sabe el nombre de ese ferroviario que se ha encaramado hasta la estatua y, desde allí, junto al mito de mármol, arenga a la masa y reclama que todo el mundo guarde orden, que se prive todo lo que haga falta para ahorrar dinero y energías porque hay que mantener la República. Si hace falta, del bolsillo de cada cual, clama. Crecen los gritos, crece el fervor. Unas mujeres invocan venganza, otras gritan libertad. Bajo la estatua de Mariana Pineda gritan libertad. Qué día tan feliz en Granada, la Granada de Mariana, la Granada liberal.

La mesa es de nogal. Noble, suntuosa, regia; rectangular. Sobre ella descansa el poder de España. Es la mesa del Consejo de Ministros. Hace casi treinta años que el rey la preside. La primera vez fue nada más asumir el trono, corona y cetro sobre almohadón carmesí, juro por Dios y los Santos Evangelios guardar la Constitución y las leyes; si así lo hiciere, Dios me lo premie, y si no, me lo demande.

Hoy se lo demanda.

A las cinco de la tarde, diez mil días después de cumplir los dieciséis, Alfonso XIII se halla aquí, en el Salón de Consejos, rodeado de su último Gobierno, ya cojo y en descomposición.

Almirante Juan Bautista Aznar-Cabañas, 70, jefe de la escuadra española en las guerras de Marruecos: Presidente del Gobierno.

Álvaro de Figueroa y Torres, 67, conde de Romanones y maquiavelo español: Ministro de Estado.

Manuel García Prieto, 71, marqués de Alhucemas y tibio liberal cacique: Ministro de Gracia y Justicia.

Teniente general Dámaso Berenguer, 58, conde de

Xauen y jefe de la dictablanda anterior: Ministro de la Guerra.

Juan Ventosa y Calvell, 52, fundador de la Lliga Regionalista y estabilizador de la peseta: Ministro de Hacienda.

Almirante José Rivera Álvarez de Canero, 68, combatiente contra las cabilas rifeñas y náufrago en aguas filipinas: Ministro de Marina.

Coronel José María de Hoyos y Vinent de la Torre O'Neill, 56, marqués de Hoyos, de Vinent y de Zornoza, vizconde de Manzanera y gentilhombre grande de España: Ministro de Gobernación.

Juan de la Cierva y Peñafiel, 67, siete veces ministro y monárquico irredento: Ministro de Fomento.

José Gascón y Marín, 56, jurista y conservador aragonés: Ministro de Instrucción Pública y Bellas Artes.

Gabriel Maura Gamazo, 52, hijo de Antonio Maura y negro del rey: Ministro de Trabajo y Previsión.

Gabino Bugallal Araújo, 70, conde de Bugallal, conservador y amante de la represión en la calle: Ministro de Economía Nacional.

Los doce están sentados. La mesa es un ataúd sin ruedas. A las cinco de la tarde.

Alfonso XIII levanta la vista. Allí está la sombra alargada de su ancestro en esta hora aciaga, a las cinco de la tarde. El retrato de Felipe V, pintado por Van Loo y copiado por una mano anónima, muestra al primero de los Borbones en su plenitud: peluca versallesca, armadura completa, bastón de mando, yelmo, cimera y espada, banda azul del Saint-Esprit sobre el cordón rojo del Toisón de Oro. La grandeur.

Bajo su efigie, alargada sombra dinástica, parece lejano aquel primer Consejo de Ministros del 17 de mayo de 1902, nada más ser coronado rey. Volvía de jurar la Constitución en el Congreso de los Diputados y de asistir al tedeum en la basílica de San Francisco el Grande. Llegó a Palacio en la carroza real tirada por ocho caballos tordos, empenachados de blanco y con trenzaduras de blanco y oro. Todo el boato monárquico. Tenía dieciséis y se sentó a esta mesa. Tenía dieciséis. Solo dieciséis. Vestía el uniforme de capitán general del Ejército. Y con todo el arrojo de la juventud y la real soberbia de un monarca, se dirigió al ministro de la Guerra en tono imperativo y acusador para contradecir el cierre de las academias militares que había decretado él, general Weyler, con fama de cruel y veterano de cinco guerras: la de Santo Domingo, las de Cuba, la de Filipinas y la carlista. Hubo controversia. El presidente Sagasta medió poniendo paz. Era el primer día de reinado. Solo dieciséis. Pero el rey no quiso componendas. Tomó la Constitución, leyó el artículo 54 y dijo: Como ustedes acaban de escuchar, la Constitución me confiere la concesión de honores, títulos y grandezas; por eso les advierto que el uso de este derecho me lo reservo por completo. Se hizo el silencio. La violencia en las pupilas. Labios cerrados, miradas nerviosas, vergüenza ajena. Hasta que el ministro de Marina, el liberal duque de Veragua, pidió la venia a su majestad y le leyó el artículo 49: Ningún mandato del Rey puede llevarse a efecto si no está refrendado por un ministro. Pupilas y labios, más vergüenza.

Así empezó en esta mesa. Queriendo mandar.

Así termina en esta mesa. Queriéndose marchar.

El ministro de la Guerra confirma que no existen guarniciones para la resistencia; su telegrama ha tenido consecuencias. El ministro de Gobernación no garantiza la adhesión de la Guardia Civil; Sanjurjo ya ha movido pieza. La derrota apesta, la derrota hiede, avisa de lejos a cualquier pituitaria entrenada en los juegos del poder. La derrota es la madre del vacío, de frío helador. Solo De la Cierva se desespera. Quiere resistir, quiere que lo nombren presidente del Gobierno, quiere el sacrificio, si hace falta el harakiri, por la conciencia, por el trono, por la patria. Pero un hombre solo a lo más que alcanza es al sufrimiento, el precio de la épica y el honor.

Al Consejo entra un ayudante del rey, el capitán de fragata Manuel Moreu, y comunica al conde de Romanones un mensaje urgente de parte del dirigente republicano Niceto Alcalá-Zamora: Si antes de las siete de la tarde no se entrega el poder a la República, no responde de nada de lo que ha ofrecido. Entiéndase: proteger la vida de la familia real, no incitar a una batalla campal.

De la Cierva se desespera aún más. Desconocía la entrevista mantenida en casa de Marañón a espaldas del Consejo de Ministros. Ignoraba que Breda se había rendido. Que ya no hay vuelta atrás. Que todo acabó y ni el harakiri honroso es posible. Protesta en medio del silencio, sin recibir siquiera el eco del desierto. Él viste de etiqueta, como Bugallal. El resto va con americana, mucho más cómoda para las huidas.

Señores, les dice el rey acallando la discusión. Yo no quiero resistir. Por mí no se verterá una sola gota de sangre. Y saca del bolsillo el pliego con el Manifiesto al País esbozado por el duque de Maura y retocado por él, porque ya no ve ninguna salida posible con un gobierno constitucional, y lo lee en voz alta a sus ministros.

Son sus últimas palabras al Consejo.

Las elecciones celebradas el domingo, dice el rey, me revelan claramente que no tengo hoy el amor de mi pueblo. Mi conciencia me dice que ese desvío no será definitivo, porque procuré siempre servir a España, puesto el único afán en el interés público hasta en las más críticas coyunturas. Un Rey puede equivocarse, y sin duda erré yo alguna vez, pero sé bien que nuestra Patria se mostró en todo momento generosa ante las culpas sin malicia. Soy el Rey de todos los españoles, y también un español. Hallaría medios sobrados para mantener mis regias prerrogativas, en eficaz forcejeo con quienes las combaten. Pero, resueltamente, quiero apartarme de cuanto sea lanzar a un compatriota contra otro en fratricida guerra civil. No renuncio a ninguno de mis derechos, porque más que míos son depósito acumulado por la Historia, de cuya custodia ha de pedirme algún día cuenta rigurosa. Espero a conocer la auténtica y adecuada expresión de la conciencia colectiva, y mientras habla la nación suspendo deliberadamente el ejercicio del Poder Real y me aparto de España, reconociéndola así como única señora de sus destinos. También ahora creo cumplir el deber que me dicta mi amor a la Patria. Pido a Dios que tan hondo como yo lo sientan y lo cumplan los demás españoles.

El silencio espeso y mullido de los grandes momentos inunda el salón bajo la mirada altiva del primer Borbón.

Tras despedirse de sus ministros y antes de abandonar la estancia —afuera esperan militares enardecidos, palatinos hundidos, aristócratas nerviosos, damas en llanto desconsolado—, el rey da un taconazo y hace una inclinación de cabeza, punto final teatralizado. La suerte, su suerte, acaso hay otra, está echada. Otro Borbón prepara el exilio.

Vísperas
[18 — 21 h]

Antonio

El golpe te va a matar, Antonio. Y tú, pobre muchacho, aún no lo sabes.

Has subido al tranvía en tu zona, Cuatro Caminos, muy cerca del Bar Chumbica, célebre por su recuelo con puntas. Así llaman al café recocido con restos de pan para la gente de tu clase. El convoy circula abarrotado de viajeros. Algunos van en los estribos, otros viajan en el techo. La tarde se ha vestido de fiesta. Todo vale hoy. Miles de madrileños de las barriadas marchan a las calles del centro, al viejo Madrid: el ombligo urbano que absorbe los nutrientes, la sangre y el sudor producidos en el exterior. Estudiantes insensatos, obreros de casuchas de hojalata, albañiles de cocido y yeso, avejentadas lavanderas con las manos cortadas por la lejía; así los describe Agustín de Foxá. Hacia ese cruce de caminos viajas tú, Antonio. Uno más. Con tus dieciséis años. Clase obrera o menos. Cómo irás vestido, qué planes de futuro tendrás. No se sabe. Nunca llegarás a conocer aquello que hace siglo y medio postuló Kant: que ningún ser humano es canjeable por nada ni por nadie, y es por eso que todos tienen dignidad; que todo hombre es un fin en sí mismo y nunca un medio para el uso, el beneficio y la explotación ajena. Los últimos, tal vez. Peones, seguramente. Pero dignos, únicos, inviolables; fines en sí mismos.

El empedrado de Cuatro Caminos, rajado por el doble hierro de la vía, va quedando atrás. Tú vas de pie en el estribo de la entrevía. El viento en la cara. La sensación de libertad. El espejismo del fin en ti mismo. Esa media hora larga en tranvía, que hoy se demora más por el gentío, alimenta la expectación. Qué habrá en el centro. Qué pasará. Cómo cambiará la vida si llega la República. Jornalero, dicen tus papeles. Ahora qué serás. Qué cobrarás. En qué mejorarás.

Puedes estar pensando en eso, o tal vez sea pedir demasiado. No es fácil detenerse en abstracciones en el fragor de la batalla. Porque tú vas a la batalla. Adonde va la masa. Hamelín sigue tocando, cada vez más fuerte. Y tú te acercas más y más hacia la flauta. Tu tranvía se cruza con otros. Más viento, más alegría; no parece martes. Y cuando el tranvía baja la cuesta de la calle de la Montera y ya se intuye la muchedumbre que abarrota Sol, tú, que sigues de pie en el estribo, impactas de cabeza contra una columna del alumbrado público. El golpe ha sido seco. Brutal. Rápidamente dan la voz de alerta. Tú no reaccionas. No hablas, no te mueves, nada. Te han llevado a la casa de socorro del centro. Qué lástima, el muchacho. Es tan joven. Claro que lo intentan, pero no. Estás blanco, cada vez más frío. Ya no eres el chaval de dieciséis años con esa vida por delante que tal vez mañana iba a mejorar. Eso creen todos los jornaleros que marchan por las calles, los que toman recuelo con puntas soñándolo café y bizcocho. Tú ya no. Ahora eres un cadáver. El médico se vuelve y te da la espalda. Ya estás solo. Te dejan solo. El juzgado se va a encargar de ti para las cosas feas que se hacen con los cuerpos vacíos. Un hombre te registra los bolsillos. De allí saca una cédula. Va a nombre de Antonio Belinchón Berrio, de dieciséis años, jornalero, vecino de la calle de los Artistas, 24, Madrid. Canjeable por la nada. El fin —el fin— en ti mismo.

Su andar lo reconocen todos en Salamanca, las manos tras la espalda. Su silueta todavía más: el traje negro, la barba corta y blanca, las gafas redondas, serio el semblante, siempre un aire adusto, pesado; el halo del sentimiento trágico de la vida cargando los hombros. Así va siempre don Miguel desde que hace un año regresó a Salamanca tras el destierro. De Fuerteventura y sus parajes desérticos, con tanto tiempo para pensar y escribir en soledad, al bullicio iluminado de París y luego a Hendaya, al lado de esa frontera que baña el océano Atlántico y cuya brisa, tenaz, orea el mismo verde de su infancia vizcaína. Ha pasado seis años en el exilio hasta la caída de Primo de Rivera, el dictador que lo apartó como rector de Salamanca y lo mandó al ostracismo. El militar que no soportaba sus artículos, sus invectivas, su desprecio intelectual. El teniente general que temía sus únicas armas: el cortalapiceros, la pluma estilográfica y esa temible firma: Miguel de Unamuno.

Salamanca entera mira a don Miguel, erguido en el balcón consistorial. Iba en la candidatura de la alianza antimonárquica. En los mítines ha sido radical: Con el rey o contra el rey. Han ganado los suyos. Anteayer fue elegido concejal, el primero de su distrito. Ni duerme el sosiego ni la esperanza duerme esta dulce tarde en Salamanca. Los jóvenes ya han asaltado el ayuntamiento. Primero han hecho sonar las campanas de la ciudad en el reloj del tejado. Luego han penetrado en el edificio y han cogido los bustos de los reyes que adornaban las hornacinas de la fachada y los han arrojado a tierra. El placer de la destrucción. Así han aguardado la llegada del comité, que marcha al ritmo de *La Marsellesa* entre gorros frigios y banderas tricolores. Parece el desfile de la victoria. Y lo abre don Miguel, a quien el pueblo —su pueblo— ovaciona. Con respeto, con admiración, con la magnificencia del instante irrepetible.

Toda la plaza mira a don Miguel. A su lado, en el balcón, hay un profesor de Medicina a quien el comité acaba de nombrar nuevo gobernador civil. Al otro lado, el nuevo alcalde, trabajador manual que ha manejado los tipos de una imprenta y el dinero de una caja de previsión social. Junto a ellos, todos los concejales republicanos, integrantes de los comités, viejos republicanos con la emoción a flor de piel, jóvenes estudiantes, obreros que hoy no piensan en el trabajo sino en el porvenir. Todos rodean al maestro. Todo parece diferente, nuevo. El suave sol de las seis se filtra por los arcos de medio punto y besa los fríos soportales. Un enorme gentío empequeñece la plaza Mayor, este cuadrilátero irregularmente armónico que él tantas veces ha disfrutado desde la terraza del Café Novelty en su tertulia diaria.

Un aire de gravedad cruza la plaza. Salmantinos, habla don Miguel. El público calla. Hace cuatro siglos, dice, los comuneros de Castilla se levantaron contra el primero de los Habsburgo, Carlos I de España y V de Alemania. Entonces, como ahora, se luchaba por la soberanía popular. En esta misma ciudad, en esta misma plaza y bajo este mismo cielo azul, proclamó uno de los comuneros, el salmantino Maldonado, la soberanía popular. Y hoy, en el siglo XX, hemos completado la obra que aquellos no pudieron completar, arrojando de España al último Habsburgo, Alfonso de Borbón y Habsburgo-Lorena. Hoy ha comenzado una nueva era y terminó una dinastía que nos ha empobrecido, envilecido y entontecido. Vosotros, a los que se ha llamado chusma encanallada, habéis dado un hermoso ejemplo de ciudadanía manteniendo el orden contra los del orden, que no eran más que el desorden organizado. Confío en que la República venga para todo el mundo. Sin distinción alguna y para el bien de España. Viva España y viva la República, proclama don Miguel en Salamanca.

La muchedumbre aplaude, grita, vitorea. Retumban los cohetes. En las iglesias voltean las campanas. En un par de cafés se toca al piano *La Marsellesa*. Parece cumplida esa frase *Del sentimiento trágico de la vida* que hoy suena a profecía: Es libre no el que se sacude de la ley, sino el que se adueña de ella. Hoy Salamanca se ha adueñado de la ley; el maestro también. Su destierro ha terminado. La pluma ha vencido.

En el tren mañanero de las ocho y veintiséis ha llegado la selección italiana de fútbol a la estación de Delicias. La azzurra juega el domingo contra el combinado español en San Mamés. Pero no hay prisa por pisar la Catedral. Los italianos, que visten traje, corbata y camisa blanca, van a pasar todo el día en Madrid antes de partir mañana a mediodía hacia Bilbao. Los futbolistas y el equipo técnico han salido del hotel para hacer en el campo de Chamartín un entrenamiento suave. Carreras, saltos, un poco de balón. La batuta la empuña ese turinés de gesto serio: Vittorio Pozzo. Cara de buñuelo hinchado, dicen. Puede ser. En la Gran Guerra fue teniente de los Alpini, la fuerza de élite de montaña del Ejército italiano. Ahora está al mando de otra fuerza de élite: la Italia futbolística de Mussolini. La de Gianpiero Combi, portero, récord de 934 minutos imbatido en la liga italiana. La de Virginio Rosetta, defensa piamontés, Caballero de la Orden de la Corona de Italia. La de Umberto Caligaris, lateral izquierdo y capitán de la Juve, cuarenta y siete veces internacional. La de Fulvio Bernardini, centrocampista romano apodado *El*

Profesor por su título en Ciencias Económicas. La de Giuseppe Meazza, jovencísimo delantero lombardo que la temporada pasada ganó el scudetto y fue el máximo goleador de la Serie A con treinta y una dianas. Llevan casi una década bajo el fascismo. Camisas negras, arditi, milicias de seguridad nacional, partido único y toda la parafernalia megalómana del Duce y su mandamiento: Todo en el Estado, nada fuera del Estado, nada contra el Estado. Ellos, meras piezas del espectáculo, se han visto arrastrados en Madrid por el vendaval de la Historia. Una revolución. Una revuelta popular. Un levantamiento del pueblo raso. Nada de credere, obbedire, combattere.

Las calles están llenas de hombres y de mujeres que creen, sin duda; que están dispuestos a luchar, tal vez; pero que de ningún modo van a obedecer. Ese tiempo ya pasó para el pueblo español. Y la imagen de banderas agitadas, pancartas exaltadas y pómulos desencajados que ven por las ventanillas de los taxis, en el trayecto del campo de Chamartín a su hotel, impresiona a estos futbolistas venidos de un mundo marcial y obediente.

Los italianos empiezan a sentirse nerviosos. Saben que en el instante menos pensado pueden ser objeto de la ira republicana. De las hordas republicanas, en su mente. A esta hora de la tarde ya circula el rumor: el Gobierno de Mussolini ha ordenado cortar las comunicaciones con España para evitar el contagio de este sarpullido liberal más allá de los Pirineos. Roma locuta y ruega al equipo que conserve la calma. El embajador italiano en Madrid anda buscando garantías de seguridad para sus compatriotas. Solo lleva dos meses y medio en la embajada, pero Ercole Durini di Monza —conde de Monza, aristócrata milanés de ojos claros, refinada pajarita y un pañuelo blanco que asoma por el bolsillo— está lidiando con su primera crisis diplomática. Su superior en Roma, el ministro de Asuntos Exteriores Dino Grandi, anota hoy en su diario un pronóstico geopolítico digno de quien solo se mancha las manos con tinta Inchiostri Bo: La República en España supone probablemente la alianza con Francia. Eso quiere decir para Italia la pérdida de la guerra en el Mediterráneo antes de combatir.

Tal vez. Quién sabe. Incluso qué más da. Eso puede esperar, piensa el conde de Monza. Ahora hay una urgencia: salvar a los nuestros. La Nazionale exige que sus futbolistas, hijos de la patria de Mussolini, permanezcan libres de todo acoso físico y moral por parte de los exaltados españoles. Aún les quedan seis largos días en España y a todos les intimida el polvorín inflamable que cerca su hotel. Demasiados gritos, poca policía.

Los italianos ya no quieren saber nada de todo el programa que tenían por delante: un partido de pelota vasca, una corrida de toros, una excursión a la isla de Txatxarramendi. Están asustados. Temen por su pellejo. Que se suspenda todo, piden. Incluso el partido de San Mamés si hace falta, aunque se hayan agotado las entradas, que al principio costaban un duro y ya se venden a veinticinco.

Y sin embargo, hay un hombre que resiste. Cara de buñuelo hinchado, dicen. Él las ha visto mucho peores. Vittorio Pozzo ha superado la adversidad de las trincheras. Hay que resistir, como hicieron los Alpini durante cuarenta y un meses de lucha sangrienta por la montaña. Resistir. Resistir. Primavera di bellezza.

Teniente con diecinueve años. Capitán con veintiuno. Comandante con veinticuatro. Teniente coronel con treinta. Coronel con treinta y dos. General con treinta y tres. Francisco Franco Bahamonde es el general más joven de toda Europa, un héroe de guerra popular. Su progresión ha sido meteórica desde sus triunfos africanos a base de tesón, baraka y disciplina. Hace dos años que abrió esta Academia General Militar de Zaragoza y el general Franco es su primer director. Su General Director. Ha mandado fijar en las compañías y en muchas dependencias, bien visible, el Decálogo del Cadete. Su primer mandamiento, que memoriza todo aspirante a soldado nada más pisar la academia, ordena un gran amor a la patria y fidelidad al rey. Es más: La fidelidad al rey, genuino representante de nuestra nación, de las gloriosas tradiciones de nuestra patria y primer soldado de nuestro Ejército, ha de ser virtud que atesoren los que forman en las filas de él. Eso manda el decálogo del cadete. Eso manda el decálogo, no escrito, del director. Por eso Franco no ha salido del despacho de la academia durante todo este martes. Hay que evitar pasos en falso. Por el rey. Y por uno mismo.

La conversación telefónica con el general Millán-Astray, viejo compadre legionario, siniestro mentor en sadismos africanos, lo ha dejado profundamente preocupado: el general Sanjurjo ha comunicado a Alfonso XIII que no puede contar con la Guardia Civil. Sobre su mesa reposa un telegrama más preocupante aún. Lo envía el general Berenguer, ministro de la Guerra. El general Franco lo toma entre sus manos, pequeñas y blancas, y su lectura lo desconcierta. El mismísimo ministro subraya la derrota de las candidaturas monárquicas en las principales capitales, explicita que se han perdido las elecciones —así: se han perdido las elecciones— y pide proceder con la mayor serenidad y con el corazón puesto en los sagrados intereses de la Patria para el objetivo primordial: garantizar que los destinos de la Patria sigan, sin trastornos que la dañen intensamente, el curso lógico que les imponga la suprema voluntad nacional.

Entre las 155 palabras del telegrama no aparecen ni rey ni corona ni monarquía. Nada. Fidelidades intermitentes. El director de la academia toma nota. Sigue al tanto de la radio y del teléfono. Pero ha llegado la hora de actuar. Y Franco actúa. Los reúne a todos en el picadero: a profesores, a cadetes, al personal de tropa. Su discurso va al grano: Se ha establecido la República en España y el Ejército ha de acatar el nuevo régimen, dice el director. El silencio castrense envuelve sus palabras. Un silencio que se espesa, adversativo y temeroso. Franco no ha dado los vivas reglamentarios para cerrar su alocución. Sería raro gritar vivaelrey con la República proclamada. Sería extraño gritar solo vivaespaña. El vivalarepública es inconcebible en su garganta. Opta por ese silencio incómodo y dilatado, elipsis ideológica, que un suboficial perfora con una solución ingeniosa: vivaelejército, contestado en eco marcial.

El acto ha terminado; el día no. El general es precavido. Y decide publicar un anexo en la orden del día, el documento que cada mañana imparte las instrucciones necesarias para toda la academia. El anexo son apenas un par de frases. Dicen: Proclamada la República en España, concentrados en el Gobierno provisional los más altos poderes de la Nación, a todos corresponde en estos momentos cooperar con su disciplina y sólidas virtudes a que la paz reine y que la Nación se oriente por los naturales cauces jurídicos. Si en todo momento ha reinado en este Centro la disciplina y exacto cumplimiento en el servicio, son aún más necesarios hoy, en que el Ejército necesita, sereno y unido, sacrificar todo pensamiento e ideología al bien de la Nación y a la tranquilidad de la Patria.

Así dicen sus palabras. Y es curioso cómo lo dicen: que la paz reine, en todo momento ha reinado. Franco ha escrito dos veces el verbo reinar para saludar a la República y despedir al rey y a la monarquía.

La tarde avanza. El día parece infinito. Queda un último episodio. La bandera. Franco no quiere cambiar la bandera española que ondea en la academia. El capitán general de Zaragoza Fernández Heredia ha sido destituido al negarse a cambiar la bandera en toda la guarnición y en la sede de Capitanía. Lo sustituye Gómez Morato, quien aconseja a Franco esta misma tarde, de manera verbal, que haga ya el cambio de bandera y empiece a ondear la tricolor en la Academia Militar. Pero Franco se niega. Con una excusa: ese cambio de insignias solo puede ordenarse por escrito. Nada de principios éticos ni soflamas legionarias. Nada de gloriosas tradiciones patrias. Mejor recurrir a un formalismo procedimental. Esgrimir una excusa. Y ahí sigue, a esta hora, la bandera de dos colores. Roja, gualda. Seguramente Franco la mira antes de retirarse a sus estancias privadas en la primera noche de un nuevo tiempo. Al menos, ahí sigue la bandera. Su bandera. Cuántas veces se lo ha oído cantar a Millán-Astray: Si en la guerra hallas la muerte, tendrás siempre por sudario, legionario, la bandera nacional.

Los hermanos de La Salle han dejado a solas a la clase. Haced dibujo, han mandado a los alumnos. Es extraño. Los curas llevan dos días muy nerviosos. Llevan así desde las elecciones. Intentan disimular la ansiedad, pero no. A Antoni no se le escapa. Tiene catorce años, pelo corto con raya a la izquierda, y este es su último curso en la escuela. Casi lo prefiere así. No ha sido fácil para él, Antoni Floresví, soportar la tensión y las miradas en este colegio de curas al saberse que su padre iba en las listas socialistas de Tarragona. En las listas rojas, por el distrito de Saavedra. Una conmoción para los hermanos.

Hoy ha ido al colegio con su compañero y amigo Josep Cusidó. El trayecto de cada mañana, viendo al fondo las montañas que abrigan a la antigua Tarraco. Los hermanos entraban y salían de clase, el vuelo negro en los bajos de la sotana. A mediodía, en casa, su padre ha comido en un instante y se ha marchado al Partido. Ha sido emocionante para Antoni vivir la noche electoral en el colegio de Saavedra. Durante el escrutinio, a cada papeleta que sacaban con el nombre de Floresví, a cada una de las 687 papeletas en apoyo a su padre, sentía un aguijonazo. Orgullo, emoción. Primero las listas electorales, luego los mítines y la campaña, al final el escrutinio. Y esta tarde, con la información que ha podido absorber en casa, y aprovechando el vacío en el aula que han dejado los hermanos, ha anunciado al resto de alumnos que está a punto de proclamarse la República. Enseguida se ha formado el ajetreo. Nadie dibuja. Todos hablan, escuchan, dicen, ríen, gritan. La República. Qué pensarán que es La República estos muchachos de uniforme. Cusidó toma la palabra. El silencio tarda en hacerse. Cusidó, vestido con pantalón y chaqueta, vibra. Siente en las tripas el fervor republicano. En el bar de sus padres no para de hablarse de eso, de La República, en estas últimas semanas. Y Cusidó, que lo vive como adulto, arenga a toda la clase. Los chicos, desde sus pupitres de madera unidos en filas, lo miran. Sus caras reflejan la inocencia de los catorce, la emoción adolescente ante los cambios. Qué dirá Cusidó. Hablará de opresiones y de libertad. Hablará del fin de los privilegios y de igualdad. Hablará del derecho proletario y del fin del poder heredado. Cómo saberlo. No hay ningún adulto para tomar nota. Momentos que se pierden, Historia que se escapa. Los hermanos de La Salle no se ven por ninguna parte. Están todos reunidos esperando a ver qué va a pasar, qué tienen que hacer, qué no deben hacer. Ellos, los lasalianos, dispuestos a enseñar a los niños pobres desde hace tres siglos, ahora no saben cómo reaccionar. Que dibujen, dicen. Y qué será de ellos, de los hermanos. De su temor. De su miedo. La soledad cambia de bando. Siempre la misma, casi siempre igual.

Sobre las siete entra en el aula el hermano Ambrós.

Los niños callan, cada uno en su pupitre, los tinteros a mano derecha. El maestro explica qué está pasando en la ciudad y da por terminada la clase antes de hora. Los alumnos externos, excitados, salen como un rayo tras coger las gorras colgadas al final de la clase. Antoni corre entre ellos. Marcha hacia la Rambla, donde ya gritan vivas y ondean banderas nuevas. Su padre está a punto de proclamar la República en Tarragona. Para qué dibujar en el papel cuando se puede hacer en la realidad.

La imagen se congela tras el objetivo de Alfonso. La Puerta del Sol es mar picada. Hay sombreros burgueses, gorras obreras, boinas rústicas. Hay gorras de plato uniformadas, sombreros cloche femeninos, gorros frigios revolucionarios. La Puerta del Sol es un mar revuelto de gente con la cabeza cubierta. También hay jóvenes que usan la mano como visera y modernas chicas sin sombrero. Bocas que gritan. Dientes de esperanza. Labios que liberan un clamor ensordecedor. Pisotones. Sudor. La excitación ante lo desconocido, el magnetismo de la emoción. El encanto y la ilusión que desprende una nueva palabra: república. La plaza rebosa alegría. Muchos hombres, algunas mujeres, pocos viejos, abundante juventud. Hay coches, camiones y tranvías encallados entre el gentío, cetáceos rodeados de fitoplancton. Y encaramado al techo de vehículos y marquesinas, más fitoplancton con traje gastado y corbata de diario. Hay gente arracimada en las farolas sorteando el oleaje humano. Hay público en los balcones y en las ventanas. Alguien canta. Ahora un himno, luego una copla, más tarde una tonada con la letra cambiada. Hay escorzos dramáticos dignos de Caravaggio, con la mano derecha de algunos figurantes brindando al mañana. Hay también claroscuros —luz en los rostros, sombra en las fachadas— trazados por un sol declinante que no tiene prisa por atardecer. Y presidiéndolo todo ante el disparo fotográfico de Alfonso —diafragma, obturador, emulsión, icono y relato— emerge una escena central. La Escena. Perfecta, rotunda, simbólica. Es la escena soñada por los ideólogos de la República. El azar la ha dispuesto en esta hora trascendental en que la España oficial y mortecina agoniza en el Palacio Real mientras la España real toma el poder en las calles como masa amorfa sin corifeo aparente. Ahí está la escena: sobre el techo de un camión, que ha entrado en la plaza por la calle de Alcalá, emerge enhiesta la figura de un oficial del Ejército que porta una bandera tricolor. Una bandera republicana con un mástil de más de dos metros. Una bandera grande, morada, roja y gualda; una tela hipnótica, símbolo del cambio y del salto en la Historia. Es la iconografía perfecta de la revolución popular. Casi todos miran hacia esa bandera y su portador en el centro de la Puerta del Sol. Mantiene el equilibrio en lo alto del camión sujetado por ocho hombres, una pirámide humana en posición dramática que recuerda al Laocoonte y sus hijos. En este grupo, el Laocoonte es el teniente de ingenieros Mohíno. Pedro Mohíno Díez, veintiséis años, 1,72 de estatura, uniforme reglamentario: botas altas negras, cinturón con ancha hebilla, guerrera abotonada, cuello tieso y gorra de plato. Lleva cuatro años en el Regimiento de Zapadores Minadores n.º 2 de Carabanchel. Una vida cuartelaria. Igual ayuda a interrogar a los detenidos por el movimiento sedicioso de Cuatro Vientos que se pone al mando de la sección de música del regimiento o traduce algunos documentos del francés. Lo que pida el mando. Ahora nadie sabe por qué está ahí levantando solemnemente, eucarísticamente, esa gran bandera republicana. Tal vez el teniente Mohíno anduviera hace un rato cerca de Sol y se ha visto arrastrado por el fervor colectivo: muchachas repartiendo lazos rojos en las bocacalles, chicas con mantón de manila en la capota de un taxi, una cigarrera enarbolando la escoba como símbolo del barrido electoral a la monarquía, el dueño de la camisería Molineros regalando corbatas rojas, las modistas de la sastrería Viuda de Uriarte confeccionando una enseña tricolor a toda prisa, carruajes con banderas rojas y republicanas, los leones del Congreso envueltos con la bandera republicana, pancartas por los mártires de Jaca, militares, marinos y funcionarios públicos arrancándose de los uniformes las coronas y las insignias de la realeza, obreros que regresan del trabajo menos cansados de lo habitual, estudiantes exaltados, niños a la carrera, gritos encendidos, vivas enardecidos, himnos, canciones, aplausos. La alegría estalla cuando el tenor lírico Miguel Fleta, que ha cantado en La Scala de Milán y en la Opera House de Nueva York antes de la maldita faringitis, es reconocido por la Gran Vía y se aviene a cantar *La Marsellesa*. La gente lo mira y él se arranca con la versión zarzuelera de Miguel Ramos Carrión: Marchemos, hijos de la patria, glorioso día luce ya. Otra vez el sangriento estandarte los tiranos se atreven a alzar. ¿Oís rugir por la campiña esa turba salvaje y audaz? Degollar vuestros hijos desea para ahogar en su sangre nuestra idea. ¡El arma preparad! ¡No hay tiempo que perder! ¡Marchad, marchad a defender la santa libertad! Fleta toma aire, con el público excitado cerca del edificio del Fénix, y acomete la parte final. Mirad las hordas de traidores que el suelo patrio van a hollar. ¿Para quiénes son esas cadenas que forjando iracundos están? Son para ti, pueblo querido; presto ve tal afrenta a vengar; el furor en tu pecho despierte, busca ya la victoria o la muerte. ¡El arma preparad! ¡No hay tiempo que perder! ¡Marchad, marchad a defender la santa libertad! ¡Marchad, marchad a defender la santa libertad! El fervor estalla con las voces repitiendo el estribillo de Fleta. Risas, aplausos, vivas. *La Marsellesa*: el himno de la revolución, del patriotismo republicano, del asalto a las Tullerías y el final de los Borbones en el trono de Francia. El canto de los sublevados resuena por todo Madrid. Nadie se sabe el *Himno de Riego*. Algunos cantan *La Internacional*. También zarzuelas, pasodobles y tangos. Y tal vez, en medio de este maremágnum, un grupo de republicanos pertrechados con la bandera le ha pedido al teniente Mohíno que se sumara a ellos. Un militar joven, vestido de uniforme, siempre es una garantía. Inspira confianza. Destila oficialidad. Tal vez el teniente Mohíno ha acabado de este modo en lo alto del camión, empuñando el mástil de la tricolor y ovacionado en este preciso momento en el que Alfonso dispara su cámara. Pensará la masa que el Ejército apoya la revuelta republicana. Parece el regreso al viejo parlamentarismo marcial, con los militares españoles apuntalando cambios de régimen a golpe de pronunciamiento: Porlier, Lacy, Espoz y Mina, Riego, Prim, Pavía, Torrijos. Eso parece la estampa. Pero no hay tiempo para pensar. Han pasado demasiadas cosas en muy poco tiempo. Entre un oleaje de sombreros, gorras y boinas, entre el sordo rumor de gritos, cánticos y ovaciones, un teniente porta una bandera republicana. Ya está. Es un instante. Un símbolo. Clic.

Libertad. Vivalarepública. Libertad. Eso gritan miles de obreros y de anarquistas a las puertas de la cárcel Modelo de Barcelona. La amnistía no se espera; se fuerza. Y es así como apedrean las ventanas y luego invaden la cárcel, como una marabunta movida por el ideal. La fuerza pública —apenas fuerza, relativamente pública— deja hacer. A martillazos echan abajo las verjas de hierro que protegen la entrada a la prisión. Ya están dentro.

Una a una recorren las seis galerías conectadas con el panóptico central, ese ojo que vigila y castiga, y ponen en libertad a todos los presos, los políticos y los comunes. Todos fuera. Es una liberación masiva. No solo sacan a los reclusos, unos seiscientos. Los asaltantes penetran en las oficinas de la prisión y prenden fuego a los ficheros y a los archivos para que no quede ni rastro. Tabula rasa y vuelta a empezar: eso persiguen los obreros, que cruzan pasillos oscuros entre ventanucos enrejados y descienden a los sótanos para asegurarse de que no quede nadie preso, que la República nazca completamente libre. Eso creen a esta hora, que es posible algo así.

Sus movimientos son rápidos, acompañados de gritos

y más gritos de libertad. El trabajo está hecho. Apenas han quedado en la prisión unos cuantos perturbados, dos ciegos y un par de enfermos graves. La Guardia Civil a caballo presencia desde el exterior la liberación, sin intervenir para nada. Ven salir a todos los reclusos. Uno a uno. Con su petate. Con la manta. Abrazados por los familiares que esperan afuera. Vivalarepública. Libertad.

Algunos reclusos giran el cuello. Quieren ver por última vez esa mole pétrea de la calle Entença. Allí han ajusticiado con garrote vil al anarquista y confidente policial Joan Rull, al pie de la galería, en la primera ejecución a garrote hecha en la cárcel Modelo y ejecutada por el verdugo Nicomedes Méndez López, un apasionado de su trabajo con docenas de ejecuciones en sus frías manos. Allí se ha suicidado, colgándose de una cañería de la celda, su compañero Mateu Ferran. Allí han juzgado al pedagogo Francesc Ferrer i Guàrdia por la Setmana Tràgica antes de fusilarlo en los fosos del Montjuïc. Allí ha vivido tantos horrores tanta gente, con la monarquía borbónica como juez suprema, que esa última visión de la mole tiene algo de redentora. Por uno mismo y por los demás.

Los anarquistas que hoy encabezan esta gran liberación han cumplido la máxima del abuelo Kropotkin: El primer deber del revolucionario será abolir las cárceles, monumentos de la hipocresía humana y la cobardía. Así lo han hecho. Ya está cumplido el primer deber. Libertad.

Buenos días, hijo.

Margarita Xirgu sale a escena del teatro Muñoz Seca. Tres palabras bastan para impresionar. Es la actriz que arroja puñados de fuego y jarros de agua fría a los públicos adormecidos sobre normas apolilladas. Lo ha dicho su amigo Federico. Y a ella le encantan las palabras de Federico.

Va vestida de terciopelo negro y llama la atención ese pelo ondulado a tenacillas. En el cuello, un broche. En la muñeca derecha, un brazalete. En el dedo anular, una sortija. En las uñas, esmalte oscuro. Y en las piernas, elegantes medias. Como dice el título de la obra, escrita por Jacinto Benavente, en esta casa son *De muy buena familia*.

A Xirgu le duele el brazo izquierdo. Hace unos días puso a calentar agua en un infiernillo eléctrico y, al ir a recogerla, se le derramó el agua hirviendo por encima del brazo y le abrasó la piel hasta el codo. Eso ocurrió el jueves por la noche. Hoy martes aún tiene tres llagas en carne viva, quemaduras de segundo grado y un miedo infantil a esas curas diarias que la están haciendo sufrir.

Esta tarde, en la platea, abundan las butacas vacías. Ochenta pesetas han sacado. Una miseria. Pero es lógico: hoy el teatro está fuera y es gratis. Función única. Imposible competir.

Es curioso el diálogo entre lo que sucede dentro y lo que está pasando en la calle. La obra avanza y el actor Alberto Contreras, con sus ojos claros y sus manos grandes y seguras de galán, dice: Hoy, por fortuna, las costumbres han cambiado; ya no asusta un poco de libertad ni hay tanta hipocresía. Con traje oscuro, pajarita y gemelos, prosigue su parlamento: No hay duda, dice. Con todos los males, que yo soy el primero en reconocer, los tiempos son mejores. Tal vez demasiada inquietud en el espíritu, demasiado afán por las innovaciones; yo, a pesar mío, soy algo conservador; pero no dejo de comprender que hay que ir con los tiempos, que no puede uno estacionarse, que nos debemos a los que han de venir.

Los tiempos que han de venir nadie los conoce. Y a Margarita, que ha sido Mariana Pineda, que ha sido Salomé y que ha sido Electra, eso la intranquiliza. La desasosiega. Anoche, a las tres de la madrugada, no podía dormir. Cogió papel membrete del Hotel Nacional, del paseo del Prado, y se puso a escribir una carta. Mi querido hermano, dos puntos. Desde el viernes se ha vivido aquí una vida llena de emociones. Hablabas con un monárquico y daba por descontado el triunfo de los monárquicos, y lo mismo hacían los republicanos-socialistas. El sábado enarenaron las plazas céntricas, se decía que el domingo correría la sangre; yo por si acaso no fui a misa, me limité a mirar por mis ventanas. El paseo del Prado estaba casi desierto, pues no hay ningún colegio electoral. Me tranquilicé un poco, pero no del todo, era raro ver en un domingo tan poca gente. Después de almorzar me atreví a salir en auto, antes había llamado por teléfono a varios amigos, pidiendo noticias de si había tranquilidad. Solo en la Puerta del Sol había algunas carreras, pero sin que la Guardia Civil ni la municipal tomaran parte y, claro, no hubo disparos. Encontré a Ángel Lázaro, poeta que solo me habla de sus versos y de si Borrás le estrena una obra; pues bien, asomó la cabeza por la ventanilla del auto y me dijo solamente «ganamos en todos los distritos» y con lágrimas en los ojos. El triunfo de los republicanos ha desbordado este pueblo. Hoy lunes todo han sido rumores, y al llegar al teatro por la noche después de cenar me han dicho: a las nueve y veinte ha salido de España el rey. Queda constituido el Gobierno provisional con Alcalá-Zamora de presidente. Las noticias iban y venían. Nadie paraba un momento. Solo nos quedábamos los que tomábamos parte en la representación. Durante el entreacto primero, los maquinistas que estaban en la puerta de los artistas, en la calle, han entrado alborotando, diciendo que pasaba una gran manifestación con banderas por la Gran Vía. Me he asomado a la calle y efectivamente desde la plaza del Carmen he visto pasar una manifestación imponente y algunas banderas y, como por la distancia en que estaba solo veía una masa negra de gente, me he impresionado mucho. En el segundo entreacto ha llegado Cipriano. Ese ha traído más noticias, pero como quiere mucho a Azaña no podía hablar de emoción y, también con lágrimas en los ojos, nos ha dado un Viva a la República que han contestado todos. He salido del teatro y he querido ir a la Puerta del Sol. Está llena de gente, pasan camiones con muchachas dando vivas. Al llegar cerca de la Cibeles, carreras, dicen que ha habido tiros, torcemos a la derecha, por una callejuela, huyendo del barullo y a camita que es tarde. ¿Qué pasará mañana? Desde mi cama oigo pasar los caballos de la guardia. ¿Están al servicio de la República? Solo me asusta pensar cómo reaccionarán los monárquicos. No me asusta más que la sangre. Y con el tiroteo que vimos desde las ventanas del hotel el día de los estudiantes en San Carlos, tengo bastante para toda mi vida. Espero saber qué pasa en Barcelona. ¡Dios quiera que solo sea un cambio de régimen pacífico! No cierro la carta por si puedo darte más noticias. Estoy desvelada, me pongo a leer y no pongo atención en lo que leo. El haber leído tantos libros de Rusia me hace temer y exagerar las cosas. Son las tres y media y no se oye el más leve rumor. Parece que el día está en calma. Los obreros van a sus trabajos, corren tranvías y taxis. Leo la prensa. El rey no se ha ido. Fue solo un rumor. Me dicen por teléfono que no hay más solución que el Gobierno provisional de la República. Si después de todo esto viene una dictadura militar y no pasa nada, es que no hay vergüenza en unos y otros. Te abraza tu hermana, Margarita.

Esta carta la ha echado hoy mismo al buzón. Y enseguida, la actriz se ha ido al gran espectáculo sin director ni escenógrafo que representan en la Puerta del Sol. No lo puede evitar. La curiosidad siempre vence al miedo en Margarita Xirgu. Quizás es la ventaja de no tener hijos.

Su automóvil, un Rolls-Royce con Miguel de chófer, el solícito Miguel, ha servido para llevar desde la casa de Miguel Maura hasta el Ministerio de Gobernación a algunos miembros del Gobierno provisional. Ella ha preferido deambular a pie para captar el aroma del momento. A flairar, que diría su hermano Miquel. En la calle le sorprende el enorme gentío, el griterío ensordecedor. A pesar de sus lecturas rusas, no ve en nadie maldad ni rencor; solo una gran alegría. Sin embargo, hay algo. Una duda. Un pensamiento que Margarita Xirgu, ahora de negro burgués sobre las tablas del teatro, no logra quitarse de la cabeza: Hasta ahora no hay más que alegría, pero si se torciera el gesto de esa gente daría miedo.

Washington quiere saber. Washington siempre quiere saber. Y su hombre en Madrid es Irwin Boyle Laughlin, el embajador.

Su porte es aristocrático. Su voz, atiplada. A veces se ajusta los quevedos para ver mejor de cerca. El bigote rasurado, la cicatriz en el mentón, las bolsas que acolchan los ojos: no es una cara más en el Madrid de las embajadas. Es el rostro de Mr. Laughlin, casi sesenta años, viejo zorro de la diplomacia americana. Ha servido a su país en Tokio, Bangkok, Siam, Pekín, San Petersburgo, Montenegro, París, Turquía, Berlín, Londres y Atenas. Hace un año y medio llegó a su nuevo destino, Madrid. Por una calle de tierra avanzaba Mr. Laughlin en un carruaje histórico profusamente decorado y tirado por seis caballos con atalajes engalanados. Entre los relinchos y el percutir de los cascos, rodeado por más caballos y por media docena de lacayos y palafreneros con peluca blanca y ataviados a la federica, todos trotando al ritmo de la *Marcha Real Fusilera*, Mr. Laughlin —pajarita blanca y chaqué— llegaba al Palacio Real para presentar sus credenciales, entre venias y reverencias en el Salón del Trono, a Alfonso XIII.

Ese boato le encanta.

Es nieto de juez federal y de pionero industrial. Es hijo de un militar que combatió con el Ejército de la Unión durante la guerra civil americana. Nació con la vida solucionada, pero decidió levantarse de su mullido sillón como tesorero de la Jones and Laughlin Steel Company para vivir la vida. Había mundo más allá de Pittsburgh, Pensilvania. Y él quería descubrirlo.

Laughlin es conservador; más bien anticomunista. Lo que sea salvo el comunismo. Lo que sea. Lleva casi un año transmitiendo a Washington su inquietud por el ribete comunista que detecta en la revolución republicana que se estaba gestando en España, con esas sublevaciones, esos manifiestos, esa campaña electoral de alto voltaje. El embajador admira a Alfonso XIII. Él es anticomunista. Y el monarca Borbón parecía un buen dique. Siempre lo ha defendido así ante el secretario de Estado, Henry Lewis Stimson. Por eso mismo se halla ahora tan desconcertado. Y preocupado.

Pero debe reaccionar ya. Washington quiere saber, como siempre. Quiere ser el primero en saber. Por eso, desde la embajada en Madrid, Mr. Laughlin empieza a redactar —o a dictar— su telegrama de las ocho de la tarde. De repente, escribe a Washington, se ha desarrollado una situación asombrosa que ha sorprendido tanto a los republicanos como a los monárquicos. Los ministros del rey le aconsejaron hoy que abandone el país y ha entregado el Gobierno a Alcalá-Zamora, que está formando un gabinete en el que Miguel Maura va a tener la cartera de Interior; Alejandro Lerroux, Asuntos Exteriores e Indalecio Prieto, Hacienda. En este momento, escribe Laughlin, me informan de que el nuevo Gobierno se está dirigiendo al Ministerio de la Gobernación para asumirlo y emitir un pronunciamiento. Telegrafiaré más detalles a medida que se desarrolle la situación. Aquí hay agitación, pero no evolución efectiva de los acontecimientos. Aquí hay agitación, pero no un verdadero desorden. Tengo entendido que el Rey no ha abdicado; se va de España esta noche con la reina y los infantes con la garantía de un salvoconducto. Creo que lo anterior es una declaración precisa, pero por el momento no puedo inducir a los funcionarios del Ministerio de Exteriores a confirmarlo o desmentirlo. Firmado: Laughlin.

Hay una cosa que todavía no ha escrito; tiempo habrá. Es la siguiente: Laughlin no quiere que el Gobierno de Estados Unidos —su Gobierno, una república federal— reconozca a la República española recién proclamada. Quiere paciencia, cautela, mucha prudencia. No hay que tener prisa hasta certificar que el nuevo régimen nacido en las plazas y los balcones de las grandes ciudades reniega del comunismo. Esa es su obsesión: alejar el comunismo de España.

Al poco de enviar su telegrama recibe respuesta de su superior, Stimson. Urgente. Así va encabezado el breve telegrama enviado desde Washington a Madrid antes de las nueve de la noche hora española. La prensa, escribe Stimson, anuncia la abdicación y la salida del rey y la instalación de Alcalá-Zamora como presidente provisional. Como los periodistas me preguntarán mañana por la mañana, agradecería los últimos avances de su parte. Firmado: Stimson.

En España se desmorona una dinastía de dos siglos y medio.

En Washington preocupa la rueda de prensa de un miércoles de abril.

Relinchos y cascos. Lacayos y palafreneros.

El comité revolucionario se acaba de apoderar del Ministerio de la Gobernación. La escena ha sido teatral. En una Puerta del Sol llena y con aroma festivo a Nochevieja, un destacamento de la Guardia Civil custodia la entrada al ministerio: el corazón del poder, el búnker donde se controla el orden público y los gobiernos civiles del país. Quien manda aquí, domina España. Miguel Maura lo sabe. Y arriesga. El poder no se pide; se toma. Más aún cuando yace abandonado en un arroyo. Y allá va él, quitándose el sombrero y cuadrándose ante los guardias civiles con su frase para la Historia: Señores, paso al Gobierno de la República. El piquete de guardias civiles se cuadra, abre el paso y, en dos filas, una a cada lado del zaguán, presenta armas a las autoridades, que ya lo empiezan a ser mientras suben, de tres en tres, los peldaños de la venerable escalinata de mármol.

Miguel Maura sube y entra al despacho del subsecretario, Mariano Marfil. Lo conoce bien: trabajó para su padre. Pero hoy no hay amigos. Por eso le pide que abandone inmediatamente el edificio, que allí está de más desde este mismo momento. Eso le dice. No hay porfavores: el poder no se pide por favor. Me hago cargo perfectamente y ahora mismo me marcho, responde Marfil. Pura resignación monárquica. El poder está cambiando de manos. Todo va deprisa, muy deprisa. Maura empieza a llamar a los gobernadores civiles, uno a uno, para que entreguen el poder a los presidentes de las audiencias provinciales o a los líderes republicanos de cada territorio. Allí mismo, el comité designa a Niceto Alcalá-Zamora como presidente del Gobierno y jefe del Estado; el comité revolucionario se convierte automáticamente en Gobierno provisional de la República. Sin traspaso de poderes. Sin formalismos. Un golpe en la mesa y ya está.

Pasan ya de las ocho y media. Niceto Alcalá-Zamora ha ordenado que un micrófono sea instalado en la antesala del despacho del ministro para dirigirse a la población a través de Unión Radio. Toda España, sumida en el desconcierto y con los platos en la mesa, lo escucha. La radio conecta con el ministerio. Se oyen murmullos por el transistor. ¿Es Macià?, pregunta una voz de fondo. ¿Es Macià?, repite la voz. Algo extraño pasa. La emisora desconecta: alguien se ha dado cuenta de que al otro lado, en la sede del ministerio, hay una conferencia telefónica en marcha. Al cabo de unos minutos, ahora sí, vuelve el sonido. Se oye la voz de un locutor, que advierte a la audiencia cómo los ilustres hombres elegidos por la voluntad popular van a hablar, por boca del señor Alcalá-Zamora, para expresar el resurgimiento de la vida popular de España. La voz calla. Se hace el silencio. Y entonces suenan por la radio las primeras palabras de don Niceto. En nombre de todo el Gobierno de la República española, dice, saluda al pueblo una voz, la de su presidente, rendida por la emoción. En una frase ha dejado claro que hay un nuevo régimen, un nuevo gobierno y un nuevo presidente. Habla del orden maravilloso en las calles, de la revolución más serena de la Historia, de la vía perfectamente legal que auspicia el cambio. Habla de amor al país, de justicia social y de depurar responsabilidades. Habla de la voluntad soberana del pueblo, de una amplia y generosa amnistía, de la admiración del mundo entero. Habla de hacer una España grande, sin ningún pueblo oprimido, y en confraternidad. Habla, habla y no para de hablar, con ese acento cordobés que arrulla palabras solemnes y almibaradas: Sois la guardia nacional del Gobierno que acompaña al pueblo; asistid al Gobierno con vuestra confianza, vigiladle en sus actos, y si incurrimos en responsabilidades, exigidlas. Habla un hombre apasionado. Se le murió su pequeña hija con siete años; perdió a un hijo con siete días; otro niño les nació muerto. Él mismo perdió a su madre a los tres años. Los golpes fuertes. Y sin embargo, a pesar de esos heraldos negros que la muerte envía y que abren zanjas oscuras, ahí está don Niceto, delante del micrófono, con toda la fuerza interior para cerrar su discurso así: Con el corazón en alto os digo que el Gobierno de la República no puede dar a todos la felicidad, porque eso no está en sus manos, pero sí el cumplimiento del deber, el restablecimiento de la ley y la conducta inspirada en el bien de la patria. Viva España y viva la República, clama por radio el nuevo presidente del Gobierno provisional de la República española. La proclamación ha culminado. Quien no haya cenado, ya puede cenar.

Cómo se preparan las maletas para el destierro de un rey. Nadie se lo ha enseñado a Paco Concheso, el fiel ayuda de cámara de Alfonso XIII. Pero a esta hora de la tarde, última tarde en Palacio, ahí está Paco en la alcoba real, con lágrimas en los ojos y el nudo en la garganta, preparando las maletas para el exilio del rey, su rey.

Paco va guardando la ropa en las maletas. La dobla, la pliega, la mete. Jamás había imaginado este momento. Tiene cuarenta y pocos años y lleva media vida en Palacio. Un sueño para quien empezó como calderero y luego pasó al cuerpo de ingenieros como celador de obras y fortificaciones. Su carácter —recto, fiel, discretísimo— encajó enseguida en Palacio. Durante muchos años fue el chófer del príncipe de Asturias. Por el retrovisor vio crecer a su alteza. Ha visto tanto y ha dicho tan poco. Ni siquiera a Amparo, su mujer. Esos son sus mayores valores: la lealtad, la entrega, la reserva. Es por eso que Alfonso XIII, al casarse, le pidió que fuera su ayuda de cámara. Paco se asustó. Demasiada responsabilidad para un calderero. Haría por Vuestra Majestad lo que fuera: desmontar completamente un automóvil y volverlo a montar, pero yo no sé cómo se hace de ayuda de cámara. Fue la mejor respuesta posible. La del escudero fiel. Así empezó. Han passat anys, molts anys; han passat moltes coses. Quién sabe qué momentos recuerda Paco, el fiel Paco, el siempre dispuesto Paco, en este trance amargo que está viviendo en la quietud de la alcoba real. Sus manos se mueven con automatismos; la mente rige entumecida, cercana al knockout que nunca avisa. Una prenda tras otra, una tras otra, la maleta cerrada, vacío el armario, la alcoba a media luz.

El rey ha entrado en su dormitorio. Está sereno. Le pide a su ayudante que incluya en el equipaje la bandera de España, la enseña rojigualda, y también la bandera morada de su regimiento, el Regimiento Inmemorial del Rey n.º 1: la guardia real, la unidad militar más antigua del mundo, activa desde 1248. Paco guarda la bandera. Todos conocen el lema del Inmemorial del Rey: Levanto esta coronelía para poner el freno a los enemigos de mi corona. Hoy no hay frenos. Nadie los pone. La Corona ha sido abandonada.

Afuera, por el balcón que da a la calle Bailén, crece el rumor de la multitud. Un rumor sordo y constante, imprevisible. La masa se acerca a Palacio. Es entonces cuando sobrevuela el espíritu de los Romanov. Eso le dijo ayer el conde de Romanones al rey: que tras la noche electoral del domingo había tenido una horrible pesadilla con los fantasmas del zar Nicolás II y la familia imperial rusa, parientes de la familia real española. En la ciudad rusa de Ekaterimburgo, la medianoche del 16 al 17 de julio de 1918, el zar Nicolás II, la zarina Alejandra, prima de la reina de España, y sus cinco hijos —Olga, Tatiana, Maria, Anastasia y el príncipe heredero Alekséi— fueron tiroteados a bocajarro por un escuadrón rojo ebrio de alcohol, odio y brutalidad. El zarévich Alekséi y tres de sus hermanas tuvieron que ser rematados con machetes en ese semisótano de la Casa Ipátiev, donde llevaban dos meses y medio prisioneros. Luego los enterraron a todos en dos fosas, entre los frondosos abedules del bosque Koptyaki. Así acabó la casa real rusa.

El horror.

Eso late en Palacio en esta hora inflamable de la Historia.

Paco está cerrando el equipaje. No se le ha ocurrido meter en las maletas esas dos viejas libretas.

Una tiene la cubierta roja.

La otra es de tapa negra.

Costaron seis pesetas cada una, en la tienda Mira Hermanos, hace ya treinta y un años. En la primera página, escrito a mano, puede leerse un breve texto: Querido Alfonso: Apunta aquí todo lo notable y todo lo que sea digno de recordarse. Y al leerlo acuérdate del cariño con que te lo dieron tus hermanas. Mercedes y María Teresa. Pascua de Resurrección, 1900. Es el diario íntimo de un pequeño rey a punto de subir al trono. Un rey nacido rey que tiene catorce años y que comienza a consignar su vida cotidiana.

15 de abril: Mamá me regaló un huevo de Pascua muy bonito. 17 de mayo: La tía Isabel me regaló la Aushütz. 21 de mayo: Fuimos a las carreras de caballos, en donde yo saqué con la Aushütz caballos corriendo. Martes 29: Monté un burro. 5 de julio: Por la tarde tiré con el mausser cartuchos de fogueo por primera vez. 30 de noviembre: Hubo función en el cuarto de la tía y representó la

compañía de El Español *El desdén con el desdén*. 27 de diciembre: He ido a cazar al Pardo; no he matado más que un pajarillo. 16 de enero, y ya es 1901: Los nietos de la abuelita de Austria hemos conmemorado el septuagésimo aniversario de su nacimiento, representando su vida con una máquina de proyecciones y leyéndose al mismo tiempo unos versos. 18 de abril: A las cuatro fuimos al Circo de París para ver las focas amaestradas. 10 de junio: Me he mareado a causa del calor que hacía por la mañana cuando monté a caballo. 30 de junio: A las cinco y media, Tennis, como el día anterior, aunque con más calor. 10 de agosto: Hoy ha venido un príncipe turco a traerme una cruz. Miércoles 21: Ayer vino el embajador extraordinario de Dinamarca, Sr. Rewenttloso, para traerme las insignias del Elefante Blanco. 5 de noviembre: Di la primera lección de Derecho y Economía Política con el erudito Dr. Don Vicente Santa María de Paredes, senador liberal. Jueves 14: A las dos fui a la Casa de Campo a remar hasta las cuatro. 31 de diciembre: Cacería a las diez y media. Yo maté quince conejos. Buen tiempo. Regresamos a las tres y media por ser a las cuatro el Te Deum conmemorativo del fin de año.

Así termina el año 1901 en el diario personal de Alfonso XIII.

La primera entrada de 1902, cuando debe asumir el poder al cumplir los dieciséis, suena hoy profética. Este año, escribe en la libreta roja que Paco no guarda en la maleta, me encargaré de las riendas del Estado, acto de suma trascendencia tal y como están las cosas, porque de mí depende si ha de quedar en España la Monarquía Borbónica o la República. Porque yo me encuentro el país quebrantado por nuestras pasadas guerras, que anhela por un alguien que lo saque de esa situación; la reforma social a favor de las clases necesitadas; el Ejército con una organización atrasada a los adelantos modernos; la Marina sin barcos; la bandera ultrajada, los gobernadores y alcaldes que no cumplen las leyes, etcétera. En fin, todos los servicios desorganizados y mal atendidos. Yo puedo ser un Rey que se llene de gloria regenerando la Patria, cuyo nombre pase a la Historia como recuerdo imperecedero de su reinado, pero también puedo ser un Rey que no gobierne, que sea gobernado por sus ministros y, por fin, puesto en la frontera. Yo siempre tendré, a manera de ángel custodio, a mi Madre. Segundo ejemplar que nuestra Historia presenta; el primero, D.ª María de Molina; el segundo, D.ª María Cristina de Austria. Don Fernando IV pidió cuentas a su madre; mas yo eso nunca lo haré. Yo espero reinar en España como Rey justo. Espero al mismo tiempo regenerar la Patria y hacerla, si no poderosa, al menos buscada, o sea que la busquen como aliada. Si Dios quiere, para bien de España.

Eso fue escrito hace casi tres décadas. De mí depende si ha de quedar en España la Monarquía Borbónica o la República, escribió Alfonso XIII a los quince años. Puedo ser un Rey que no gobierne, que sea gobernado por sus ministros y, por fin, puesto en la frontera, anotó.

Hoy es ese día.

El equipaje ya está listo, majestad.

Gracias, Paco.

¡VIVA ESPAÑA LIBRE!

Con mayúsculas y exclamaciones. Así titula el *Heraldo de Madrid* su edición nocturna. Acaba de llegar el periódico a los quioscos. La gente se agolpa en ellos para conseguir un ejemplar de la cabecera antialfonsina con mayor tirada. Los repartidores no dan abasto. Se agotan enseguida. Hay unas manos, anónimas, sin rastro en la Historia, que cogen un ejemplar. Manos trémulas, con la agitación que despierta lo impredecible. Mans que en la nit busquen allò que no han trobat mai. Manos ajadas de tanto trabajar.

Primero lee el editorial, con título grave: Ante el momento histórico.

Estamos frente a un momento histórico, quizá el más trascendente de cuantos se han producido en la Historia de nuestro país, y hemos de afrontarlo con serenidad digna, con serenidad que acredite al pueblo español de capacitado para asumir la grave responsabilidad de gobernarse y de liquidar con justicia el periodo infamante que precedió inmediatamente a este momento. Es un momento de extrema gravedad, que nos obliga a caminar por la senda emprendida con el paso firme y seguro de quien sabe adónde va y lo que se propone. Los nervios, el ímpetu excesivo, llevan a los pueblos a caminar a saltos que pueden precipitar en el vacío, y es preciso, ahora más que nunca, evitar cuanto pueda constituir peligro para la magnífica labor realizada y para la que aún queda por realizar. El entusiasmo, un poco irreflexivo y un poco pueril —pero tan explicable al cabo de estos ocho años últimos, en que la arbitrariedad pretoriana de un régimen moribundo mantuvo amarrada con todos los recursos de la fuerza ilegal a una nación hambrienta de justicia y de ley—; el entusiasmo de anoche, repetimos, costó al pueblo más sangre todavía, sobre la que lleva vertida en la lucha por la reconquista de su libertad. Y harta sangre lleva ya derramada el pueblo para que no seamos avaros de ella y procuremos economizarla.

Sangre y más sangre.

La Historia, fijada en este periódico del día, va pasando bajo las yemas duras y lijadas de esos dedos, como pasan las cuentas de un rosario laico y popular.

En una taberna de Navamorcuende, en Toledo, los ganaderos Alejandro Vázquez y Mariano Moreno, que arrastraban viejos resentimientos, comenzaron a discutir por cuestiones de ganado y fueron expulsados del local por el tabernero. Los separaron en la calle, pero cuando más tarde se encontraron, de nuevo Mariano acometió con una navaja cabritera a Alejandro, dejándolo herido de muerte en el suelo y sin conocimiento.

En Zamora ha ingresado en el hospital José María López Díez, de veintiún años, herido de bala en el brazo izquierdo por un disparo que efectuó desde un balcón Emilia Fuentes, de veintitrés.

En un piso de la calle Claret de Barcelona, Avelino Calatayud ha perseguido a tiros a un ladrón que escapaba por la ventana de su domicilio tras robarle y destrozarle los muebles.

En la cárcel de Ondarreta, encerrado bajo la amenaza de pena de muerte, el doctor José Bago, un joven pediatra de extrema izquierda que participó en la sublevación republicana del 15 de diciembre en San Sebastián, ha recibido una carta de apoyo firmada por cientos de compañeros de profesión.

En Melilla, donde la crecida de los ríos por las lluvias torrenciales ha arrastrado camas, muebles y numerosas cabezas de ganado, han identificado el cadáver de Bartolomé Rueda Berenguer. Tenía cincuenta y dos años, era natural de Almería y se hallaba extrayendo arena en el río de Oro cuando vino la crecida. Varias personas intentaron salvarlo arrojándole una cuerda, pero la cuerda se rompió. Y a Bartolomé se lo llevó la corriente. Su cuerpo quedó varado, ballena pobre y olvidada, en la playa del Hipódromo.

No es el único cadáver en Melilla.

Hay otras manos que en Melilla abren el periódico local, *El Telegrama del Rif*. La historia —página cinco— impresiona. Josefa Corbacho Díaz, de dieciséis años. Quiere ser actriz. Subirse a las tablas, sentir la adrenalina, emocionar al público. Y que la aplaudan. Y que la quieran. Y ser alguien. Madre, padre, quiero dedicarme al teatro. Padre, madre, quiero ir a la península para hacer teatro. Ya lo ha dicho algunas veces. Pero no. Ni hablar. No ha recibido la autorización paterna para cumplir su sueño. Y sin embargo, no se resigna. Hace dos meses se fugó de casa. Se marchó con una compañía de zarzuela que estaba de paso en la ciudad y acababa de actuar en el teatro Reina Victoria de Melilla. Con ella se marchó a Villa Sanjurjo, la ciudad española surgida junto a la bahía de Alhucemas. Una ciudad nueva, con barcos de vapor que cruzan a la península. Su sueño. Irse, actuar, triunfar. En Villa Sanjurjo permaneció tres días. Pero todo se frustró. La policía descubrió su paradero, la tomó a la fuerza y la devolvió a casa. Con su padre y su madre. Lejos del sueño. Quizá su padre le pegó. Tal vez le dibujó el camino que le esperaba: el barco sobre la mar, el caballo en la montaña, y ella en casa, con ojos de fría plata. Han pasado dos meses. Todo ha vuelto a ser como antes. Como siempre en este barrio obrero de Melilla. Pero yo ya no soy yo, ni mi casa es ya mi casa. Y por eso ha amenazado con suicidarse si no le dan permiso para dedicarse al teatro. Pero no. Nada que hacer. Y por eso ayer se subió hasta las altas barandas. Era mediodía. Iba presurosa, con el corazón agitado, hacia el muelle Villanueva. Había llegado la hora del acto final. El oscuro de la última función. Andaba rápido y se detuvo justo en el sitio donde atraca el vapor correo de Málaga, por donde retumba el agua. Con todo el simbolismo de quien no puede subirse a ese barco para sanar al fin la herida. Ella sigue en su baranda, verde carne pelo verde, soñando en la mar amarga. Enseguida se quitó el abrigo y otras prendas. El botero de los prácticos le lanzó un grito para que se alejara del peligro. Pero Josefa se arrojó de cabeza al agua. Y se puso a nadar mar adentro, como si quisiera llegar a braza a la España del teatro y la zarzuela o, de lo contrario, verde viento verdes ramas, ser engullida por las olas, con su cuerpo de fría plata. Un dramático final. De romance.

De zarzuela. Pero el botero que la había advertido y otro empleado de la compañía Transmediterránea, José García y Antonio Lorente, tripularon un bote hasta acercarse a la náufraga y sacarla del agua. Para devolver a casa a esa pobre niña amarga.

La segunda historia —mismo periódico, misma página— conmociona. Ángela Hernández Ruiz, de ochenta años. Quería morirse. Sofocar el sufrimiento, aliviar la mente, relajar el cuerpo. Y acabar. Y descansar. Y subir al cielo con ellos. Con su esposo y su nieto de catorce años. El 12 de abril de hace cuatro años, ambos faenaban en su barca pesquera cuando se desató un temporal. Cerca de la Cala del Quemado, la embarcación zozobró. Los dos murieron ahogados. El abuelo y el nieto. Ayer se celebró la misa en sufragio de esas dos almas engullidas por la mar. Ángela fue a misa. Con el ánimo abatido, como siempre desde el hundimiento de hace cuatro años. Desde hace tiempo vivía en compañía de una hija suya, también llamada Ángela. Habitaban una humilde barraca: la 286 de Ataque Seco. Un lugar poblado de cuadras, chabolas y barracas levantadas por los inmigrantes sin recursos que llegaban a Melilla. Gente como ella, nacida en Carboneras, provincia de Almería. Ayer por la tarde, a última hora, un aviso trágico llegó a la jefatura de policía y al juzgado de instrucción: una mujer se había arrojado al mar desde los acantilados próximos a la prisión de Victoria Grande. Acudieron el juez, el secretario, un oficial habilitado, el jefe de policía y tres agentes. Inspeccionaron el lugar, con el batir de las olas acompasando el ocaso. Y descubrieron, en el hueco que forma una gran roca a unos veinte metros del mar, el cuerpo de una mujer. No respiraba y estaba magullado con graves heridas. Un cuerpo relajado, una mente aliviada, un sufrimiento sofocado. Ángela Hernández Ruiz, de ochenta años. Por la mañana había ido a misa. Por la tarde se había arrojado desde el acantilado. Esta mañana de martes han recuperado su cadáver, después de toda la noche al raso. Un trágico final. Ya está en el depósito de cadáveres la última víctima de un largo temporal formado de oleaje, miseria y dolor.

Las manos que toman el periódico, en Madrid y en Melilla, están exhaustas de tanta muerte, siempre de los mismos. Nación hambrienta, sangre del pueblo derramada, dice el *Heraldo*. ¡VIVA ESPAÑA LIBRE!

Teméis todo, como si fuerais mortales; deseáis todo, como si fuerais inmortales. La frase es de Séneca, tutor del emperador romano que se creyó inmortal: Nerón. Esta noche, en Palacio, los inmortales que todo lo han deseado se han convertido, de repente, en simples mortales presos del temor.

Son los últimos momentos del rey en el Alcázar. Presiente que su vida corre peligro. También la de su familia. Ekaterimburgo, la turba, todos los fantasmas que proyecta el miedo en esta noche oscura, en temores inflamada.

Para esto lo preparó el padre Coloma, aquel jesuita que dirigió sus ejercicios espirituales antes de la coronación; como Séneca con Nerón. El sacerdote llegaba enlutado a Palacio, buenas tardes, padre. Le franqueaban el paso y conversaba, larga y hondamente, con ese muchacho de quince años.

Le decía el padre Coloma: Ser rey es una misión peligrosísima. Un rey tiene que estar siempre dispuesto a morir, y para esto se necesita un valor muy grande. Jamás se disculpa a un rey la cobardía.

Le advertía el padre Coloma: La muerte es ciega. Vendrá despacio o deprisa; de repente o con larga enfermedad por delante; en el plomo de una bala o en los ahogos de una pulmonía, pero vendrá. Vendrá para todos, y vendrá también para Vuestra Majestad, sin que nada pueda conjurarla ni determinarla ni retrasarla.

Le insistía el padre Coloma: La muerte está cerca. Y tan cerca, que puede estar ahí fuera, a la distancia de diez minutos, de media hora, de veinte días, de veinte años, de treinta, de sesenta, de setenta a lo más; y todo ello es cerca, y la gran prueba de que todo es cerca está en que siempre parece demasiado pronto.

Le concienciaba el padre Coloma: La muerte da fin a todo. ¿Vuestra Majestad no ha visto nunca un cadáver? Ver uno es verlos todos. Tan seco, tan rígido y repugnante quedará el de Vuestra Majestad en el panteón del Escorial como el del mendigo más miserable en su sepultura de limosna.

Le instruía el padre Coloma: No hay más remedio que mirar a la muerte cara a cara para acostumbrarse a vivir para morir. Pero llega la muerte y, de repente, en un segundo de horror inmenso, se encuentra Vuestra Majestad solo. Solo, delante de Jesucristo, que va a juzgarle. Ya no hay allí cortesanos, ni guardias, ni ministros ni aduladores.

Y en cambio ahí siguen todos ellos en este amargo anochecer: cortesanos, guardias, ministros, aduladores. Deambulan por Palacio como extras de relleno para el acto final. Murmullan, lloran, maquinan: representan su papel secundario entre un decorado de superproducción. El mármol de la escalera principal. Los leones de la balaustrada. Las bóvedas de estuco. Los tapices, los espejos, las alfombras. La saleta de porcelana. Las lámparas de araña y los relojes, que hoy suenan distintos, royendo cada segundo como si fuera el último. Los terciopelos bordados con hilo de plata. Los frescos, los cuadros, las esculturas. La orfebrería y la platería guardada. La Corte. Y toda ella, con su boato y su esplendor, desmoronándose en vivo y sin aviso junto a ese triste ramo de flores que ha enviado la embajada de la República francesa.

También la muerte ronda Palacio. El rey la puede oler. Conoce bien sus efluvios. Ya ha recibido tres heraldos negros.

9 de junio de 1905, París: bomba anarquista al carruaje en el que regresaba el rey de la Ópera, en la rue Rohan; quince heridos, el rey ileso.

31 de mayo de 1906: el día de su boda, viaje de vuelta a Palacio en la carroza real, el anarquista Mateo Morral les lanza a los recién casados un ramo de flores con bomba oculta a su paso por el 88 de la calle Mayor: veintitrés muertos, reyes ilesos.

13 de abril de 1913: tres tiros de revólver del anarquista Rafael Sancho Alegre al paso del caballo real en Alcalá 48; rey ileso.

De esas tres se ha salvado. Hoy la vuelve a sentir cercana.

Frente al Palacio Real se han apostado fuerzas de la Guardia Civil a caballo y un escuadrón de húsares que protege del pueblo a la monarquía. Es el colofón de los Borbones en España: nadie puede acercarse a Palacio. Cualquier trapo rojo o tricolor podría esconder a un asesino. Y sin embargo, de lejos, como la mar ronca en una noche de verano, se oye el clamor, los vivas y los mueras, los rugidos de la masa agolpada en las calles que desembocan en la plaza de Oriente.

Hay que aligerar la despedida.

Tras una cena fría con la reina, Alfonso XIII entra en la habitación del príncipe de Asturias, su hijo mayor. Tiene veintitrés años y es el heredero a ese trono secular que está haciéndose añicos en este mismo instante. Las veintiuna salvas de cañón disparadas por su nacimiento no podían esconder un drama: el primogénito, Alfonso Pío Cristino Eduardo Francisco Guillermo Carlos Enrique Eugenio Fernando Antonio Venancio de Borbón y Battenberg, había nacido hemofílico. Una salud siempre frágil. Lleva dos días postrado en la cama. Así se ha pasado más de media vida: o tumbado en la cama o internado en hospitales. Una operación y el dolor, otra operación y más dolor. Ahora está en la cama. Por sus problemas habituales, y porque el fin de semana fue con su primo Álvaro a cazar avutardas en una finca de la carretera de Aranjuez y el retroceso de un máuser que le prestaron le causó fuertes hematomas por su hemofilia. Lo acompañan algunos marqueses, amigos suyos, dentro de la habitación. Todos salen a la antecámara para favorecer una despedida íntima entre padre e hijo, entre príncipe y rey.

Cómo se mira a ese muchacho, nacido para reinar y que ya no reinará.

Cómo se mira a ese padre, sombra protectora que se va a disipar.

Hay que darse prisa. Alfonso XIII ya ha subido al piso principal para despedirse de la reina Victoria Eugenia y de sus otros hijos, los infantes Jaime y Gonzalo, las infantas Beatriz y Cristina. Qué será de ellos. Esa duda lo intranquiliza. La muerte es ciega. La muerte está cerca. Tan cerca que puede estar ahí fuera, a diez minutos. Por eso hay que salir ya de Palacio. Él ahora; el resto de la familia mañana, en tren.

El rey viste traje gris claro, a rayas, con cuello blando y sombrero flexible. Su aspecto es sereno, tranquilo, carente de dramatismo. Tal vez la escena que más impresiona es cuando se ha parado delante de un retrato de su madre, la reina María Cristina: mirándola, sin nada que decir, con tanto que sentir.

Todos los ojos persiguen su figura mientras recorre la galería interior de Palacio. Aristócratas y palatinos lo aclaman con fervor, lo estrujan, vivaelrey, viva. Él no está para parlamentos. Sabe que no hay tiempo. Solo acierta a decir una frase: Calma, señores, calma y mucha cordura.

Se va desasiendo de quienes lo paran para estrecharle la mano, para besársela, para hacerle una reverencia, para cruzar con él una mirada acuosa final, acaso una última palabra que luego contar entre pastas y té, en la montería o en el consejo de administración. A su lado, acompañándole en este vía crucis de segunda pascua, marchan su primo el infante Alfonso de Orleans, el duque de Miranda, mayordomo mayor de Palacio, y el almirante Rivera, ministro de Marina.

Al llegar a la altura de la sala de guardias alabarderos —cuatrocientos años protegiendo a los reyes y a sus aposentos, cuatrocientos años percutiendo el suelo con el regatón de sus alabardas— el oficial Rufino Lucas grita vivaelrey. Parece ayer cuando Rufino pisó Palacio por primera vez. Lo habían herido en el asalto al castillo de Marahui, Filipinas, en una acción de gran valentía.

La reina regente lo mandó llamar a Palacio para conocerlo en persona y nombrarlo miembro de la Real Orden de San Fernando. Parece ayer, pero han pasado cuarenta y seis años. Y hoy, viendo marcharse de Palacio al hijo de aquella reina regente que le cambió la vida, Rufino grita, con ardor artillero, vivaelrey. Los alabarderos responden viva y percuten el regatón de las alabardas contra el suelo real, quién sabe si por última vez. Alfonso XIII se estremece. Y asomándose al ventanal de esta sala que da a la galería, contesta un vivaespaña. Melancólico, resignado, final.

El ascensor lo conduce abajo, y de ahí a la Puerta Incógnita, que desemboca en las escaleras que dan al Campo del Moro. Ya está en el exterior. Fuera de la burbuja irreal. A la fuerza.

El rey monta en su Duesenberg J: 265 caballos, ocho cilindros, 180 kilómetros por hora, cuatro mil doscientas revoluciones. Cuesta quince mil dólares, cincuenta veces más que un Ford A. Es el coche del poder más opulento, con menos de quinientos ejemplares en todo el mundo. Un coche único entre los trece mil vehículos matriculados en toda España. Con él sube también su primo Alfonso de Orleans. Los grandes faros del Duesenberg encienden la negrura de los jardines del Campo del Moro. Detrás va el coche del ministro de Marina con el almirante Rivera y el duque de Miranda, conducido por el chófer Requeijo. Le sigue el Hispano-Suiza del príncipe de Asturias con tres militares a bordo: el teniente coronel de Estado Mayor, Enrique Uzquiano, Pablo Martín Alonso y Eduardo González Gallarza. Y detrás, cerrando la caravana, un Cadillac con el equipaje real —maletas, maletines y bolsas de cuero—, todo custodiado por Paco Concheso, Paco, el fiel ayuda de cámara.

Los vehículos se ponen en marcha y cruzan el Campo del Moro hasta la puerta de la cuesta de la Vega. Nadie ha avisado a los guardas. La verja está cerrada. Alguien desciende, busca al guarda y le ordena que abra la doble puerta. Por fin la caravana puede salir. Sus ocupantes dejan atrás el Palacio Real y sus jardines. Ya enfilan hacia las rondas y el puente de Toledo para tomar, enseguida, la carretera de Aranjuez.

Son las nueve. Por delante queda una larga noche, más de cuatrocientos kilómetros de viaje. El destino es el puerto de Cartagena. Temiéndolo todo, como mortal, quien todo lo deseó como inmortal.

Completas
[21 — 0 H]

Eduardo

A quién le importa el nombre de un muerto.

Nadie sabe cómo te llamas, Eduardo.

Ni los transeúntes que te han recogido del suelo y te llevan en brazos al dispensario.

Ni el médico que te recibe en la casa de socorro de la calle del Rosal con esa herida en la cabeza por la que mana la última sangre.

Ni los pocos periodistas que mañana escribirán tu fallecimiento, asépticos notarios que no relatan los gritos, la angustia, el miedo. Que no consignan cómo tu cuerpo entra en el depósito de cadáveres del hospital Clínic, gélido y mudo final.

Nadie de todos ellos sabe tu nombre, Eduardo. Dirán que eras soldado, soldado del Batallón de Montaña n.º 1, de guarnición en Montjuïc. Punto. Nada más: así es la vida para la gente sin valor, con rey o sin él: vais de la vida a la muerte, vais de la nada a la nada.

Todo ha pasado muy deprisa.

Hace un rato, a eso de las diez y media, un grupo de exaltados se presentó frente a la delegación de Policía de Atarazanas, al lado del cuartel del mismo nombre. El rumor del puerto de Barcelona, maloliente y negrísimo bajo la luna nueva, envolvía la escena. Los manifestantes tenían el propósito de asaltar el retén policial y destruir todas las fichas. Esas que esquematizan a los indeseables. Visto de frente: estatura, ojos, pelo, barba, cejas, hombros, color de piel. Visto de perfil: nariz, oreja derecha, boca, mentón, forma de la cabeza. Visto en conjunto: cuello, actitud, acento, aspecto general, presunción de estado civil, señas particulares. Timadora, estafadora, prostituta, carterista, anarquista. Fuego a todo ello. A esas caras de arrabal, menesterosas, aguerridas: todas envejecidas, de tanta vida como no cabe en esas fichas. A eso van. A quemarlas todas. Pero algunos se han asustado cuando estaban ya casi en la puerta. Otros se han lanzado. Pasa siempre: el paso al frente y el paso atrás. Los gastadores han irrumpido en la sede policial y enseguida ha estallado la escabechina. Los policías disparan. La gente corre, huye, se dispersa: el pánico. Los policías no paran. Siguen disparando tras ellos. No quieren que nadie se escape ni que vuelvan a intentar semejante insolencia: el orden se blinda siempre, por eso es el orden. Porque no vacila, no conoce la compasión. Y así los cuerpos van cayendo al suelo, uno tras otro. A esta hora todo un país bulle celebrando la República, algazara y francachela. Pero en este punto esquinado de Barcelona, entre la avenida Marqués del Duero y las Atarazanas, los viandantes no cantan marsellesas ni internacionales. Aquí van recogiendo cuerpos tirados, heridos y maltrechos, y resguardándolos en una taberna cercana. Las muecas de dolor. Las caras agónicas. El arrepentimiento inútil. El eco de los disparos horadando la noche portuaria. A Aurelio Cruz, de veintidós años, le han disparado en el párpado izquierdo, la cara empapada en una sangre escandalosa. Luis Núñez, guardia de seguridad de treinta y cuatro, sufre una herida por arma de fuego en el brazo derecho. María Navarro ha recibido un disparo en su muslo izquierdo, pero sufre casi tanto al ver asustada a su hija Josefina, de trece años y también herida en los brazos. Quien está gravísimo es Conrado Ruiz Vilaró, de veintitrés. Pobre chico: el dolor se lo va engullendo poco a poco, se lo traga sin clemencia. Un disparo en el muslo izquierdo, otra bala en la pierna derecha, tres heridas más en el brazo izquierdo. Su rostro mortecino es el de la muerte. Hacia allá se encamina. Unos y otros van siendo derivados a los dispensarios más cercanos. José Valderrama, de treinta y un años, llega con una herida de bala en la pierna izquierda. A Narciso Roca, de su quinta, lo atienden por un disparo en el pecho. La lista es larga. Son todos jóvenes: Joaquín Marín, con una bala en el brazo izquierdo; Encarnación Granell, con fractura del peroné derecho; Antonio Carreras, agujereado en la rodilla derecha y en el tobillo y el muslo izquierdo; Antonio Baró, sangrando por la pierna izquierda; Pedro Torres, con un disparo en el pie derecho; Juan Planas, herido en la muñeca; y Joaquín Reimes, y Vicente Castillo, y José Angulo, y Francisco Rubio, y Leoncio Granel.

Y tú, Eduardo. Eduardo Rovira Bordoy. Ese es el nombre que a estas horas nadie sabe. El nombre de un pobre soldado que justo hoy estaba de licencia, que justo en ese instante pasaba accidentalmente por el maldito lugar, y que ahora mismo, acribillado por la policía, se está muriendo en el más absoluto desamparo: sin que nadie le tome la mano y le susurre al oído tranquilo Eduardo, te quiero Eduardo, adiós Eduardo. Eres el soldado desconocido. Un entre tants com foraden la nit. Y acabas de morir. A quién le importa tu nombre.

Religión, Patria y Monarquía. Es el credo de los Legionarios de España. Así llaman a los miembros del Partido Nacionalista Español. Los dirige un excéntrico: José María Albiñana, neurólogo, especialista en enfermedades mentales, explotador de ellas también. Hace un año que fundó este movimiento extremista de lucha contra los enemigos de la Patria. Son hijos del tradicionalismo carlista. Los defensores del rey. Sus perros de presa. Les atrae la violencia. Sobre todo a su líder, el doctor Albiñana. Así lo conocen todos. Ojos saltones, mirada desafiante, ambición ilimitada. Pura pasión. No nació en Enguera para quedarse paciendo entre sus montes frondosos. Se marchó, llegó a México, lo expulsaron de allí y regresó a Madrid. Hace un año que fundó el partido. Y va a por todas. No ha tenido empacho en afiliar a un niño de diez años —Germán Iravedra y Llopis— que en su ficha acata el ideario del Partido y ofrece consagrar su entusiasmo al servicio de la Patria para tomar y recibir palos. Así, literal: tomar y recibir palos. Es la especialidad de la casa. Los Legionarios de España —camisa azul celeste, roja cruz de Santiago bordada en el pecho— son la milicia armada del Partido. Saludan al estilo fascista. Pegan al estilo fascista. Revientan actos izquierdistas al estilo fascista. Amedrentan desde sus tribunas al estilo fascista. Pero su fascismo se queda en eso, en el estilo: en realidad impera su derechismo, su espíritu reaccionario, su entrega monárquica. Un Trono, un Altar, una Bandera. Esos son los valores de su Patria. España sobre todas las cosas. Ese es su lema. Y sobre España inmortal, solo Dios. Amén.

Pero esta madrugada, los violentos son otros. Tienen al doctor Albiñana y a sus Legionarios en el punto de mira. Los dos últimos números de su semanario, *La Legión*, han lanzado mensajes inequívocos. El que quiera la República, que tenga valor para conquistarla en la calle, a pecho descubierto, jugándose la vida, dicen en uno. El rey don Alfonso XIII, el caballero, el patriota, el único estadista que tenemos, no debe irse sin pedir a sus leales todo el tributo de su sangre genuinamente española. Guerra civil, sí. Ser sorprendidos y arrollados sin luchar, jamás, dicen en otro.

Ya es medianoche en Madrid.

La calle del Almirante es estrecha y el ruido retumba. La algarabía de los manifestantes infunde miedo en los residentes del número 17. Los exaltados van a por la sede de los Legionarios de España. Los grupos asaltantes, muchos de ellos estudiantes, penetran en su interior. Unos entran por los balcones. Otros destrozan la puerta. Gritan vivalarepública, abajoloslegionariosasesinos. Dentro del piso, los ratones roen, roen, siguen royendo. Van donde Hamelín les lleve.

Los asaltantes actúan rápido. Abren balcones y ventanas y lo tiran todo por sus vanos. Decenas de sillas y mesas, armarios y butacas, camas y vitrinas, máquinas de escribir y ficheros. Papeles por el aire, lentamente cayendo en la negrura de la madrugada, y el placer de la destrucción en la mirada resentida. Todo lo que encuentran en la sede de los derechistas y monárquicos del doctor Albiñana —a quien a esta hora ya le han destrozado la lápida de su calle sus paisanos en Enguera— es arrojado por las ventanas y los balcones. Hasta el gran busto de Primo de Rivera, añorado dictador. Todo lo amontonan en el centro de la calle. Algunos vecinos se asoman. Otros siguen asustados tras las cortinas. La noche es cerrada y esas gargantas enronquecidas ya de tanto aullar adquieren una tesitura desconocida hasta el momento. Ya no son las sonrisas, las chanzas, las canciones y los himnos de la tarde. Ahora es el odio y la venganza; la violencia, el ardor guerrero. Todos los enseres de los Legionarios de España están en mitad de la calle. Los saboteadores prenden fuego a la montonera. Las llamas avivan la hoguera. El naranja queda brillando sobre el asfalto, con su juego de sombras y un crepitar solitario. Purificador, destructivo. Vivalarepública.

Se oye tumulto. Un grupo armado con pistolas y barras de hierro, con varias mujeres en él, ha echado abajo las puertas de la cárcel de mujeres de Barcelona. Los pasos son más fuertes, más cercanos cada vez. Y los gritos. No hay barreras para la turba, conocen bien el camino. Del zaguán a los corredores, de la escalerilla a las oficinas. Lo primero que hacen es reventar la instalación telefónica: aquí no se avisa a nadie. Luego destruyen el registro de la cárcel y destrozan la capilla, podéis ir en paz. Encienden hogueras con los colchones. Chillan como lo hace un amo recién enseñoreado: paladeando el poder, gozando la dopamina de la fuerza arbitraria. Poder que no abusa se desprestigia. Las hermanas de la Caridad están agazapadas, dominadas por el temor. Sin embargo, nadie las amenaza. Ni a ellas ni a los carceleros, que no han mostrado resistencia ante lo inevitable. Y lo inevitable tenía este momento culminante. El clímax. Los asaltantes llegan al departamento de las reclusas —es difícil imaginar las caras de quienes tienen poco que perder, pero algo tienen que perder, porque siempre hay algo que perder—, y gritan: Deprisa, salgan ustedes, que el pueblo les concede la libertad. Parece el sueño de una noche de primavera. Sobre todo para ella, para Josefa Fuertes. Ya tiene más de sesenta años. Lleva tres entre rejas. Sus manos han matado. Es la parricida. La autora del crimen de la calle Trafalgar.

Nació en el pueblo aragonés de Zuera y pronto se fue a servir a Zaragoza, a la antigua fonda de Elías Cequiel. Josefa era hermosa y joven. Pelo azabache, ojos grandes, pecho abundante. A muchos clientes llamaba la atención. Ya había desechado varias proposiciones de casamiento porque ella, dicen, estaba enamorada del cocinero de la fonda. Sin embargo, aquel amor era imposible: el cocinero ya estaba en relaciones con otra joven y con aquella se casó, fin del romance soñado que nunca fue. Pero un día llegó a la fonda un viajante: Mariano García Oñoro, comercial de la chocolatera madrileña Matías López. Como antes les había pasado a otros, Mariano se enamoró de Josefina. Y buscó el casamiento. Ella al principio se negó. Mariano insistió. Ella no quería. Mariano insistió de nuevo. Y la madre de la chica terció. Y lo que el cariño no había sido capaz de despertar, sí lo hizo un cambio de posición social. Por ello se casó con Mariano. Ella, con veintidós; él, diez años mayor. Así empezó la historia. La muerte de un viajante.

Toda Barcelona ha podido seguir el serial.

En la noche del 19 de diciembre de 1927, en la escalera del número 76 de la calle Trafalgar se oyó un fuerte golpe y un bramido ahogado. Nadie quiso indagar. A las seis de la mañana, un vecino que iba al trabajo descubrió en la escalera el cuerpo sin vida de Mariano García Oñoro: tumbado boca arriba, arrimado contra la pared, con una herida en la cabeza, el gabán a su lado y sin cartera en los bolsillos. Tenía sesenta y ocho años y era natural de Torrelaguna, Guadalajara. La investigación se alargó. Había demasiados indicios que no encajaban con la hipótesis del accidente. Y ella, Josefa, acabó encerrada en prisión provisional. El juicio fue un espectáculo. Ya de madrugada había colas para entrar. La multitud morbosa, la Guardia Civil a caballo ante el palacio de justicia. Ella iba enlutada: vestido negro, negro manto, velo negro cubriéndole el rostro. Estaba tan nerviosa que no pudo ni levantarse en pie para ser interrogada por el fiscal Bonilla. Y allí, analfabeta, observada y sin piedad ajena, ante una sala llena de público curioso y de ávidos periodistas, Josefa habló. Dijo que su marido le pegaba. Que ella a veces lo insultaba. Que su esposo, por sus rarezas, comía solo en su cuarto —el único sin luz eléctrica ni ventilación— y que se lavaba y remendaba la ropa él mismo. Que dormían separados. Que sus hijos no se hablaban con su padre. Que aquel día en que su vida cambió para siempre fue su marido quien inició la pelea. Que al encender la lumbre en el fogón, para preparar la cena a sus hijos, salió un poco de humo y eso molestó al hombre. Que él la insultó. Que ambos se enzarzaron. Que su esposo le dio un puntapié en la pierna derecha. Que ella le propinó un botellazo de gaseosa en la cabeza. Que entonces se engancharon en brutal pelea, rodando por el suelo, hasta que ella cogió una toalla que estaba colgada en la puerta de una habitación y la introdujo en la boca de su esposo, que murió asfixiado y con ocho costillas rotas. Josefa insistió: ella se limitó a defenderse para evitar ser estrangulada. Y que luego, después de matarlo, intentó borrar las huellas del crimen. Así lo recoge la calificación del fiscal: Después de matar a su marido poco antes de las ocho de la tarde, la procesada colocó el cadáver de su esposo en la cama de este y en la posición en que acostumbraba a dormir y le echó la manta encima. Fueron llegando los hijos, que se retiraron a sus habitaciones después de cenar, buenas noches, mamá. Josefa permaneció levantada, en vela, hasta las cuatro y media de la mañana para desplegar el plan que había urdido para encubrir el asesinato: envolvió el cadáver en una manta, lo arrastró del cuello por el pasillo hasta llegar a la escalera de su entresuelo y descender, peldaño a peldaño, hasta la puerta de entrada al portal, donde dejó abandonado el cadáver como si su marido hubiera sufrido un accidente. Pero sus manos enguantadas que ocultaban heridas y arañazos, pero las ropas ensangrentadas escondidas en la casa, pero el colchón recién lavado con lejía y con cercos de sangre visible, pero la manta, pero la toalla. Y que conste: el fiscal ha aceptado como cierta la versión de la pelea, porque no puede probar sus sospechas de alevosía y ensañamiento. Lo ha aceptado porque es incapaz de fundamentar su sospecha: que alguien la ayudó en su crimen. Tal vez un hijo, insinúa sin decirlo. Pero el abogado defensor, señor Pou i Sabater, fue en otra dirección. Intentó salvar a su acusada con dos líneas argumentales. La primera, que Josefa está loca. Loca, anormal, desequilibrada. Que desde el día siguiente a la boda se abrió un abismo entre los dos cónyuges, una sima que se volvió más honda y ancha hasta llegar al calvario matrimonial, que ha enterrado en vida a esta pobre mujer. Y ese odio, una de dos: o desembocaba en el suicidio o en la locura, y con esta en el crimen que ha sucedido. Por tanto, intentó el abogado, no es a la cárcel, sino al manicomio adonde tenían que enviar a Josefa. La segunda línea argumental de la defensa es un detalle del sumario. Un pequeño detalle. Que Mariano desapareció del domicilio familiar y estuvo once años ausente. Abandonó a su esposa y a sus hijos —a los ocho que quedaban vivos de los quince que tuvo el matrimonio—, cuya manutención tuvo que asumir enteramente la madre. Y a los once años, cuando él ya había perdido la brillante colocación que le permitía una vida holgada, había vuelto a casa para gravar aún más el presupuesto familiar. Y otro detalle nimio: Que en una ocasión, un hijo moribundo tuvo que levantarse de la cama para evitar que su padre estrangulara a la procesada. Por eso insistía el abogado: No es a la cárcel, sino a una casa de salud adonde debe ser conducida Josefa. Pero no, no fue así. El tribunal dictó sentencia y condenó a Josefa a veinticinco años de prisión, contemplando solo el atenuante de arrebato u obcecación.

Arrebato, obcecación.

Eso destila la cuadrilla de tumultuosos que esta noche agita los brazos para que las reclusas abandonen rápido el presidio de la Reina Amalia. Ladronas, lesbianas, blasfemas, prostitutas. Son treinta y seis. Entre ellas está Josefa, ya vieja, con un pelo que fue azabache y ya no lo es. Quién sabe si anda perdida en un laberinto interior. Afuera estarán Pepe, Guillermo, Sagrario, Felisa y Paquita. En Portugal vive María. En Palma, Asunta. Y en París, Pepita. Le quedan ellos ocho. Qué vida le aguarda. Todas las reclusas, sin pensar qué pasará mañana, abandonan sus celdas y se unen a la multitud. Cruzan los pasillos de este coloso centenario. Ya no oirán mañana el volteo de campanas y la maldita jaculatoria: Alabado sea Dios todopoderoso, que premia a los buenos y castiga a los malos. Eso repetido cada mañana. El estigma. La tortura. Los buenos y los malos. Y ellas, las malas. Cada mañana el mismo martilleo a la conciencia. Pero ya está. Todo eso va quedando atrás mientras las treinta y seis mujeres cruzan el umbral de la presó vella, penosa y pestilente, para diluirse en la noche republicana de Barcelona.

La revolución comienza en la cabeza. La teoría es la base. Pureza. Así late el PCE. Son pocos: menos de mil comunistas afiliados. A las elecciones se presentaban en solitario y con un programa puro. Una República de trabajadores. Un gobierno de obreros, soldados y campesinos. Sóviets que dirijan, no parlamento que parlamente. Expropiaciones masivas de tierras y fábricas. Confiscación de bienes eclesiásticos. Autodeterminación para Catalunya, Euskadi y Galicia. Así golpea el martillo y siega la hoz. Pero el fiasco electoral ha sido proporcional a la pureza: apenas 67 concejales comunistas entre los más de 80.000 electos. Solo un edil rojo en capitales de provincia. La masa no está con ellos. Apenas los conocen. No es tiempo de teorías.

Por la Puerta del Sol merodean unos pocos comunistas que cruzan en una vieja camioneta. Muy pocos. Abajo la República, todo el poder para los sóviets, gritan en mitad de la plaza. Les responde la fría hostilidad de los manifestantes, sin necesidad de aguafiestas en este día esperado. Los camaradas no comparten lo que ven. Perciben un soplo de conservadurismo muy alejado del vendaval revolucionario que anhelan. No es esto, no es esto. Continuismo tras un velo de ilusión. Viejos políticos monárquicos revestidos con ropajes republicanos nuevos. Los amos de siempre mandando en el corral. La enésima mutación del capitalismo. Sucias impurezas.

Ayer, *L'Humanité* —su periódico de referencia en Francia— recogía su sentir, el sentir comunista: las ilusiones democráticas republicanas son opio para los cerebros obreros. España es el país donde aún dominan las castas parasitarias, una aristocracia latifundista de tipo feudal, con grandes terratenientes que sojuzgan a los campesinos en una esclavitud deplorable. El país del clero omnipotente, la casta militar y una burocracia atrofiada. Con esa España que traza *L'Humanité* los comunistas quieren romper. No se trata de tumbar a la monarquía. También a la república burguesa. La República naciente ya está enseñando su carácter reaccionario, creen los pocos comunistas que a esta hora deambulan por algunas ciudades del país.

Ni monarquía ni república burguesa: una República de Obreros y Campesinos por la España de los Sóviets. La frase, rotunda, es de Gabriel Péri, periodista de *L'Humanité*. Hoy, desde París, sigue escribiendo. Escribe piensa y escribe con su pequeño bigote —muesca sombría bajo la nariz— y un pelo abrillantado peinado hacia atrás para que luzca más esa frente. La frente por la que discurren ideas comunistas desde los quince años. Aún no ha cumplido los treinta y ya ha viajado a la URSS, para departir con Lenin, y ha pasado un tiempo entre rejas por atentar contra la seguridad del Estado francés. Péri, jefe de Internacional de *L'Humanité*, vibra con la revuelta española. Le gusta intervenir. Tomar partido.

Influir. Por eso teclea piensa teclea. Y lo hace con intención. La inmensa masa de la población española no se ha pronunciado por la república democrática de Alcalá-Zamora o por el socialismo reformista de Largo Caballero, escribe: La masa ha votado contra la monarquía podrida y desacreditada. Péri se detiene y levanta la cabeza. Cómo será el ambiente de esta vieja redacción de la calle Montmartre, 142. Con humo, claro, y con el halo idealista que insufló Jean Jaurès desde el primer editorial y que a él lo tiene cautivo. Está casado con una comunista, sí; pero es a la Idea bolchevique a lo que realmente ha entregado su alma. Por eso escribe así. Y por eso, al retornar las manos al teclado, al proyectar sobre el folio esa mirada melancólica, decide dar un paso más allá. Y hablar hoy, 14 de abril, de guerra civil en España. Su silogismo es como sigue: Solo las reivindicaciones incluidas en el programa comunista corresponden a las aspiraciones del pueblo trabajador; por tanto, sus aspiraciones solo serán conquistadas por la fuerza organizada, por la insurrección armada del proletariado, bajo la dirección de un partido bolchevique; solo entonces —sigue escribiendo Péri al dictado de esa frente anchamente comunista— los métodos de acción preconizados por el PCE y probados en todo el mundo podrán frenar el asalto fascista ante el cual los jefes timoratos de la burguesía republicana y socialista permanecerán impotentes, y hacer triunfar el poder del pueblo: el gobierno obrero y campesino. Punto.

Seguramente Péri ya ha salido del periódico, el viento en la cara en la noche parisina. A esta hora, muy lejos de Montmartre, un pequeño grupo de comunistas españoles revolotea por las calles de Madrid. Van José Bullejos, antiguo telegrafista y secretario general del PCE, los pómulos marcados de Etelvino Vega, chapista y miembro del buró político, y Jesús Hernández, camarada de los grupos de acción. Caminan hacia el Palacio Real. Van ellos y unos cuantos más. Atrás han quedado las redadas policiales contra el partido —el Partido— bajo la dictadura de Primo de Rivera. Atrás ha quedado la lucha en clandestinidad, que ha mermado sus fuerzas tanto como las purgas internas, las intrigas entre camaradas, las destituciones, los ataques y contraataques, los enfrentamientos entre federaciones, la acusación de despotismo dictatorial a los dirigentes del Partido y la etiqueta de contrarrevolucionarios para los críticos. Resumiendo: lo de siempre. Pero ahora es lo de nunca. A ese puñado de comunistas el aire fresco de la noche les golpea en la cara, como a Péri saliendo de *L'Humanité*. Marchan hacia el Palacio Real. Hablan de la república burguesa, del gobierno de obreros y campesinos, todo el poder para los sóviets. Tienen una imagen incrustada en la cabeza: quitar la bandera monárquica de la casa de los Borbones y sustituirla por la enseña roja, hoz y martillo en lo alto del palacio. Esa es la misión. Como en el Palacio de Invierno de los zares cuando la Revolución de Octubre. Una imagen pura, límpida, icónica. Bellamente teórica.

Maitines
[0 — 3 h]

Pàmies

Te ha tocado morir, Francisco.

No estaba previsto, qué va. Solo eras un simple telegrafista. Un chico de veintiún años natural de Falset, ese pueblo adormilado en el Priorat, con sus calles empinadas, la viña temerosa de la filoxera, las mismas campanas de siempre y el qui s'ha mort como diapasón cotidiano.

Francisco. Un muchacho sin rasgos.

Francisco Pàmies Alberich. Un espectro de la Historia.

Salías del trabajo en la más temprana madrugada. Barcelona seguía agitada. Había sido un día histórico. Para la República, sí. Para Barcelona, por supuesto. También para los telegrafistas. La primera bandera tricolor que flameó sin viento en Madrid fue la de Correos y Telégrafos, en lo alto del Palacio de Comunicaciones, frente a la Cibeles. El alma telegráfica, tanto tiempo oprimida, hoy respiraba libre. Las hojas de telegrama repicaban por toda España las distintas proclamaciones de la República en cada ciudad. En Eibar, en Castelló, en Alicante, en Almería, en A Coruña. La República difundía su voz de libertad por medio de los hilos telegráficos. Y los telegrafistas, sobre todo los más jóvenes, se vengaban de un régimen que había entregado el monopolio de la telefonía a la Compañía Nacional Telefónica y había vetado al Cuerpo de Telégrafos para ese negocio en auge. Y así hoy, en este martes sediento de noticias, los caballeros telegrafistas habían sido los portadores del titular más esperado en cada rincón. Un día para la gloria.

Así ha llegado la madrugada. Salías de la Casa. La Casa de Correos. Tú no sabías nada, pero te ibas a convertir enseguida en pasto de noticia; breve, eso sí, casi insignificante. Unos grupos de desconocidos se han presentado ante el edificio de Correos en las primeras horas de la madrugada. Quiénes son. No se sabe. Tal vez algunos de los presos liberados de la cárcel Modelo. Tal vez maleantes dispuestos a dar el golpe soñado en este día de sobresaltos. Su voluntad, casi seguro, era penetrar en el departamento de valores declarados. El dinero, siempre el dinero: bandera universal.

Con ese propósito han intentado desarmar a las dos parejas de guardias de seguridad que vigilaban el edificio. Los guardias se han defendido y han disparado sus fusiles contra los asaltantes. Los maleantes, que iban provistos de pistolas, han sacado las armas. El tiroteo. Las balas perdidas. Y una impacta en ti, justo cuando salías del edificio. La sangre otra vez. En mitad de la madrugada, cuando ya todo está hecho. Cuando ya no es necesaria. Cuando ya ni siquiera tiene épica, ese líquido amniótico que protege y alimenta la narrativa de la desgracia ajena, porque a la propia no la engaña. El dolor propio no entiende de relatos. Y el tuyo, Francisco, no está ahora para epopeyas. Sangre española, sangre republicana, sangre telegrafista derramada por la

República, divina aurora de redención abrazada a las insignias postales y telegráficas. Que otros alimenten esos mitos, esos cuentos dignos de los Grimm. A ti —qué cara tienes, dónde vives, tienes novia, cuáles son tus planes, cuándo estuviste en Falset por última vez oyendo el llorar de las campanas y el qui s'ha mort tras la persiana— de nada te valen. La sangre mana, la sangre sigue manando. Quizá el dolor mengua, porque cada vez la parte sintiente retrocede ante la durmiente. Te han trasladado al Hospital Clínic. Pero de nada sirve. Te ha tocado morir en esta madrugada de cárceles abiertas y banderas inflamadas. El telegrama que nadie se molestará en escribir ya se puede rellenar.

Destino: Ninguno.

Origen: Los de abajo.

Número de telegrama: 1.

Número de palabras: 8.

Fecha depósito: 15 de abril.

Hora: Madrugada.

Texto: Francisco Pàmies Alberich, oficial Telégrafos Barcelona, muerto tiroteo.

Le llaman Mateo; él se llama Ateo. O Ateu, en català. Ateu Martí Miquel. Lo escribió hace unos meses en la prensa de Palma: Declaro públicamente mi renuncia a la fe que me impusieron mis padres con el bautismo, renegando avergonzado de haber pertenecido a la religión y con seguridad de no pertenecer nunca más a ninguna que no se base en principios comprensibles a la razón, prometiendo combatirlas a todas por inútiles. Atendiendo a que el nombre bautismal que hasta ahora ha servido para distinguirme de entre los otros representa la zarpa de la religión, prescindo de él para adoptar desde hoy el de Ateo, el único al que responderé cuando se me llame. Así pues, ahora se llama Ateo. También es medio anarquista y medio comunista, como antes ha sido medio socialista: pocas veces Mateo, o Ateo, ha sido plenamente algo. En todo caso, librepensador. Eso sí lo ha sido: librepensador con plenitud. Y ahora también masón, masón de la logia Renovación 20 con el nombre simbólico de Liberluz. Basta con asomarse al chalé que tiene en s'Arenal. En el tejado, la bandera roja; a la entrada, dos triángulos masónicos y un lema: El trabajo dignifica al hombre, la religión lo embrutece. Algo así aprendió en su viaje al país de los sóviets. Dicen que ha sido el primer mallorquín en visitar la Rusia soviética. El viaje a la URSS lo pudo hacer gracias a una herencia —oxímoron comunista— y acabó arruinado y regresando de vuelta a Palma gracias al dinero aportado por la solidaridad masónica. Todo en él destila extravagancia, heterodoxia sin rebaño. Histrionismo también, como cuando practica el nudismo o hace sonar el corno en su chalé, allí en lo alto, en mitad de la nada, para invocar al diablo, dice. Su persona rezuma todavía otra cosa: radicalidad. Es furibundamente anticlerical. Ahora, desde que ha tomado las riendas de *Nuestra Palabra*, no hay número que no lance una soflama contra la Iglesia tradicionalista y contra la sociedad mallorquina beata. Contra: es una palabra que lo define bien. Libre, esa también. Mateo, o Ateo, va por libre. Piensa por libre, actúa por su cuenta. Lleva desde los quince años coleccionando carnés: Unión Republicana, Juventud Republicana Radical, Centro Republicano Balear, Partido Republicano Federal, Partido Socialista Obrero Español, Partido Comunista de España, Liga Laica de Mallorca. Pero nunca adocenado en el rebaño. Siempre con margen para su libertad. Por eso, esta noche, noche de agitación, noche de contra y libertad, sorprende a medias su actitud. Esta noche es él quien dirige y mantiene el orden. No la revuelta ni la rebelión, sino el orden público al frente de la guardia republicana. Desde media tarde que Palma es republicana. Banderas, discursos, balcón. Y la campana. Toda Palma estaba agitada. Y entonces, don Francesc de Villalonga, venerable a los setenta y cinco, concejal republicano que apunta a nuevo alcalde, ha tocado a rebato la campana d'en Figuera. Así se hizo al proclamarse la anterior República, la primera, cuando su padre fue diputado republicano en Cortes. Un bello y secreto homenaje en bronce antiguo. Sin embargo, no ha sido bien entendido. La gente, arremolinada en la plaça de Cort, ha creído que la vieja campana d'en Figuera tocaba a alarma por incendio. El desconcierto se ha aclarado al poco. Pero sí que ha habido un conato de incendio. No ha sucedido en la manifestación que partía al anochecer de la plaça de Cort. Al frente, la bandera republicana. Detrás, las autoridades electas, la banda de música, las banderas de las sociedades obreras y una muchedumbre vitoreando a la República. Ahí no ha pasado nada. Pero la noche atrae al fuego. Y algunos no se han aguantado el odio, la rabia, las ganas de destruir. Han decapitado la estatua del beato Ramon Llull, aquel pensador y místico que decía: Viu millor el pobre dotat d'esperança que el ric sense ella. En esta noche, noche de pobres enriquecidos de esperanza, han apedreado el mármol de la escultura en alegoría a *La Veritat*, que integra el monumento dedicado hace un año y medio a la memoria de Antonio Maura. Han lanzado piedras contra la capilla de la fachada del convento carmelita de ses Tereses. Los exaltados también han provocado destrozos en varias casetas de consumo. Las autoridades han comenzado a preocuparse. Todo se les puede ir de las manos en cualquier momento. Así comienzan los incendios: con una chispa. Y ahora le toca a él, a Mateo, o Ateo, anticlerical, comunista y masón, dirigir a la guardia republicana que el alcalde accidental ha montado para impedir nuevos incidentes. La componen un grupo de jóvenes voluntarios. Y al frente de todos, él: con sus gafas de intelectual, con su cara de aventurero. Patrullan la ciudad, doblan esquinas, arrastran los pasos, a cada hora más silenciosos, más cansados, eco acentuado por la negra quietud. La guardia republicana vigila iglesias y protege conventos para impedir que el odio prenda. Al menos no esta noche, que todo parece inmaculado. Que todo es tan puro, tan virtuoso y tan lleno de luz que hasta un ateo rebelde es quien dirige la guardia por las calles oscuras de Palma.

Damnatio memoriae. Que no quede rastro. Ni gloria ni recuerdo: el olvido. A eso quiere el pueblo condenar a Alfonso XIII y a la monarquía en estas primeras horas republicanas. El rey se ha marchado de Palacio. Pero con eso no basta. La Corona debe pagar. Hay sed de venganza.

En Madrid han derribado la estatua ecuestre de Felipe III que domina la plaza Mayor desde hace tres siglos. Han destrozado la estatua a martillazos y han decapitado al equino y al jinete. La estatua de Isabel II cercana al Teatro Real ha sido arrancada de su pedestal con cuerdas y arrastrada hasta Sol con saña, humillación y escarnio. En San Sebastián han decapitado la estatua de la reina María Cristina, madre del monarca. También han destrozado las lunas de muchos escaparates que lucían la corona real. Los cuadros del rey que presidían los ayuntamientos han volado por los balcones en ciudades y pueblos. A veces, como en Huelva, con una defenestración masiva: arrojando a la calle, en caída libre, los retratos de Alfonso XII, de Alfonso XIII, dos de la reina, uno de Martínez Anido —hasta hace poco ministro de la Gobernación— y otro de Primo de Rivera. En San Fernando, el lanzamiento del retrato del rey ha herido a un pobre cobrador del tranvía a quien el cuadro le ha caído encima. Pero no solo los lanzaban. Los cuadros de Alfonso XIII también los han quemado. En Lleida han ardido los cuadros de la diputación y del ayuntamiento. En Valencia han quemado el que había en la universidad. En León han hecho una pira confraternal donde las risas se alternaban con los mueras. Y en A Coruña hasta se lo han comido: han cortado a navajazos el retrato del rey y los asaltantes han mordido algunos pedazos. Los súbditos engullendo a su rey, Saturno devorado por sus hijos: poética imagen.

Tampoco hay clemencia con el callejero. Grupos pertrechados de escaleras recorren las ciudades españolas para arrancar las placas de todas las calles reales, una detrás de la otra. Las calles y plazas de los Reyes, de la Reina, de las Infantas, de los antiguos monarcas y otras marcas de realeza ya no tienen cabida en el espacio público. Todas fuera. Esta era recién alumbrada merece carteles dignos. Y en estas primeras horas, los nuevos nombres improvisados por aclamación popular son los de 14 de Abril, Mártires de Jaca, Fermín Galán, Ángel García Hernández, Niceto Alcalá-Zamora, Pablo Iglesias, Vicente Blasco Ibáñez, República, Justicia o Libertad.

No solo es iconoclastia, violencia simbólica y destrucción. Ha llegado la hora de resignificar. De construir nuevos mitos.

Falta un cuarto de hora para la una de la madrugada. Un grupo de jóvenes, con el gesto decidido y un cansancio que no pesa inscrito en el rostro, irrumpe en la plaza madrileña que hasta hace un momento era de Isabel II y que ahora se llama de Fermín Galán. Al frente va un piloto, Alfonso Ferrero, un mecánico de aviación, el ciudadano López, y un escultor, Manuel Pascual. Van a hacer Historia.

El artista aún no ha cumplido los treinta, pero ya se ha hecho un nombre como escultor, aguafortista y dibujante. Ha encadenado varios premios de dibujo y de escultura en la Academia de Bellas Artes de San Fernando. El último galardón, que le ha costado cinco meses de oposiciones, ha sido una beca para viajar pensionado a Roma y seguir su formación artística en la capital del arte. Pero a su corazón no solo lo inflama el arte. También el republicanismo. Por eso hoy, al presenciar el giro político —un rey derrocado por el pueblo en las calles—, Manolo Pascual se ha marchado a su estudio. Ha escogido un boceto de cabeza para la Estatua de la Libertad que proyecta; un boceto de cabeza ya vaciado en yeso. Es una cabeza femenina, de cuello esbelto y serenas facciones, con reminiscencias a la Marianne francesa. Y es ese busto el que lleva en sus manos el ciudadano López, un secundario de lujo que en este instante coloca la escultura sobre el pedestal vacío que hasta hace un rato ocupaba Isabel II. Ya está: el busto de la República corona el pedestal y, detrás de él, emergen los retratos de Galán y Hernández, los mártires de Jaca. El público que llena la plaza, y qué más da si mañana miércoles hay que trabajar, estalla en una ovación. La Segunda República española ya tiene su primer monumento. Apoteosis laica.

Es la hora incierta de la penumbra, la del maullido solitario y los contornos negros, desdibujados. No hay certezas, solo voluntad de apresarlas. Qué hará el Ejército en Barcelona. La duda angustia a las nuevas autoridades catalanas desde el instante mismo de la proclamación. El general Despujol es capaz de cualquier cosa. Es el capitán general de Cataluña y está dispuesto a declarar el estado de guerra, a enviar militares a ocupar la diputación y el ayuntamiento, a sacar tropas a la calle para defender la monarquía o la unidad nacional. A sangre y fuego si hace falta.

Todos han oído el rumor: quieren asaltar el Palau de la Diputació. Por eso está la plaça Sant Jaume llena de gente. Una muchedumbre aguarda en vela, guardia de corps republicana. Pasaban trece minutos de las diez de la noche cuando Macià se ha hartado de esperar a Madrid y ha nombrado, por su propia autoridad, nuevo capitán general de Cataluña a un fiel, general López Ochoa. Presidente, a sus órdenes. El general asume el encargo de garantizar el orden de la República y ha jurado permanecer al lado del pueblo y al servicio del president. La primera orden, manuscrita en tinta negra sobre dos cuartillas de la diputación, ya la ha firmado: pide al comandante jefe del 4.º Regimiento de Artillería que envíe dos baterías, de cincuenta hombres cada una, para proclamar la República en la plaça Sant Jaume y en las calles de Barcelona en plena madrugada.

El corazón del poder catalán, la plaça Sant Jaume, se contrae de repente en una sístole emocional. El metal de las cornetas y el rugir de los tambores horada la penumbra por la calle Fernando. La tropa avanza al paso de la Historia. Es la una y cuarto de la madrugada. No hay cansancio. Todos miran los uniformes, el ritual, la liturgia marcial de los artilleros con fusil y bayoneta calada. Las dos baterías logran abrirse paso con bota militar y se sitúan justo debajo del balcón central del Palau de la Diputació, o de la República Catalana, muy pronto de la Generalitat. La plaza enmudece. Esa guardia de corps multiforme y popular se descubre. Un oficial, capitán Guillermo Reinlein, saca un papel.

La electricidad atraviesa la plaza. Catalans, comienza la voz limpia y potente de Reinlein. Le quedan cinco meses para cumplir treinta años. Lleva gafas. Tiene sangre artillera. Es biznieto del mariscal de campo Antonio Sequera y Carvajal. Aquel antepasado suyo, liberal, tuvo que exiliarse en 1823 por las cadenas absolutistas de Fernando VII. Esta madrugada, un siglo después, es otro rey el que le ha sacado a la calle a él, a Guillermo Reinlein, natural de Caravaca de la Cruz, nostálgico aún al oír la pureza desgarrada de una cartagenera y el rasguido de sus lejanas guitarras, trémolo de una tierra que dejó atrás. De su padre, el general de brigada Guillermo Reinlein Sequera, le queda el mismo nombre, idéntica pasión artillera pero escasos recuerdos. Una angina de pecho se lo llevó. El niño apenas tenía tres años. No hubo salvas. Solo un huérfano de padre y un camino señalado: el de artillero. Ha servido en África como teniente. Lleva una cruz de primera clase por sus méritos militares en Melilla. Ahora sirve en Barcelona. Es capitán. Ama los retos, y el de esta noche es grande. Catalans, dice con su endeble catalán. Interpretant el sentiment i els anhels del poble que ens acaba de donar el seu sufragi, proclamo la República Catalana com Estat integrant de la Federació ibèrica. D'acord amb el president de la República federal espanyola, senyor Nicet Alcalá-Zamora, amb el qual hem ratificat els acords presos en el pacte de Sant Sebastià, em faig càrrec provisionalment de les funcions de President del Govern de Catalunya, esperant que el poble espanyol i el català expressaran quina és en aquests moments llur voluntat. En fer aquesta proclamació, amb el cor obert a totes les esperances, ens conjurem i demanem a tots els ciutadans de Catalunya que es conjurin amb nosaltres per a fer-la prevaler pels mitjans que siguin, encara que calgués arribar al sacrifici de la pròpia vida. Tot aquell, doncs, que pertorbi l'ordre de la naixent República Catalana, serà considerat com un agent provocador i com un traïdor a la Pàtria. Esperem que tots sabreu fer-vos dignes de la llibertat que ens hem donat i de la justícia que, amb l'ajut de tots, anem a establir. Ens apoiem sobre coses immortals com són els drets dels homes i dels pobles i, morint i tot si calgués, no podem perdre. En proclamar la nostra República, fem arribar la nostra veu a tots els pobles d'Espanya i del món, demanant-los que espiritualment estiguin al nostre costat i enfront de la monarquia borbònica que hem abatut, i els oferim aportar-los tot el nostre esforç i tota l'emoció del nostre poble renaixent per afermar la pau internacional. Per Catalunya, pels altres pobles germans d'Espanya, per la fraternitat de tots els homes i de tots els pobles, catalans, sapigueu fer-vos dignes de Catalunya. Barcelona, 14 d'abril de 1931. El President: Francesc Macià. Dice Macià y calla. En el balcón del Palau está asomado Macià, atrincherado allí toda la madrugada, viendo al Ejército español, su viejo ejército, al lado del pueblo, de la República, del catalanismo. El Ejército hablando en catalán. Jamás el Coronel ha sido tan feliz. Jamás lo volverá a ser. El capitán Reinlein levanta su mirada miope. Nunca ha visto disparo más certero; el cañón de la palabra. La palabra escrita en la sombra por un poeta romántico con llacet y media melena. La masa estalla. La humedad en los ojos, la emoción de la victoria en la cara. El vaho cercando las bocas abiertas hacia el frío de la madrugada. Viscalarepública. Viscacatalunya.

Todo poder ansía el orden. No hay lo uno sin lo otro. Y el orden es *La Gaceta de Madrid*, boletín oficial de España desde 1661. En la imprenta ya están componiendo la edición de mañana. La portada ha cambiado. Ha desaparecido la corona y el escudo de España, que siempre remataba la cabecera. El linotipista ya ha colocado el nuevo emblema: una mujer, alegoría de la república, en lo alto de la página. Y en torno a ella, un pomposo marco orlado que rodea el folio entero. Así comienza a componer, con sus manos desgastadas, el texto de la portada. En el sumario se anuncian los decretos de nombramiento. Los efectúa, literalmente, el comité político.

Presidente del Gobierno provisional de la República: Niceto Alcalá-Zamora y Torres.

Ministro de Estado: Alejandro Lerroux y García.
Ministro de Justicia: Fernando de los Ríos Urruti.
Ministro de la Guerra: Manuel Azaña Díaz.
Ministro de la Marina: Santiago Casares Quiroga.
Ministro de la Gobernación: Miguel Maura Gamazo.
Ministro de Fomento: Álvaro de Albornoz y Limiñana.
Ministro de Trabajo: Francisco Largo Caballero.

El linotipista no se pregunta por la procedencia de cada cual. Un presidente y un ministro de la Derecha Liberal Republicana. Dos ministros de la órbita populista y radical. Dos ministros socialistas. Un izquierdista. Y un gallego republicano. Casi todos burgueses. Gente del sistema, bien alejados de esas manos obreras que han de hacer avanzar la portada de *La Gaceta*. El operador agrupa las matrices en líneas ensambladas y las funde en metal caliente. Es lo mismo de cada día. Pero hoy los tipos en plomo desprenden el inconfundible aroma de la Historia. Recogen la amnistía de todos los delitos políticos, sociales y de imprenta. Anuncian la declaración de fiesta nacional para mañana y para cada 14 de abril en los años sucesivos. Y difunden el primer decreto del comité político, que dice así: El Gobierno provisional de la República ha tomado el Poder sin tramitación y sin resistencia ni oposición protocolaria alguna; es el pueblo quien lo ha elevado a la posición en que se halla, y es él quien en toda España le rinde acatamiento e inviste de autoridad.

El linotipista ya ha compuesto la portada. Una página menos. El reloj avanza, hay que ir cerrando la edición. En la segunda página va juntando las letras del primer decreto del Gobierno provisional. Es el Estatuto Jurídico de la República. El poder ansía el orden. Y hay que dar la sensación, pese a la provisionalidad sobrevenida, de que hay un orden. Un nuevo orden. Que reconoce a las Cortes Constituyentes como órgano supremo y directo de la voluntad nacional cuando llegue la hora de declinar ante ella sus poderes el Gobierno provisional. Que va a depurar las responsabilidades en los organismos oficiales, civiles y militares desde la dictadura de

1923. Que respeta la conciencia individual mediante la libertad de creencias y cultos. Que la propiedad privada queda garantizada por la ley. Y dos puntos más. Los más interesantes que el linotipista está encajando, con sus manos sucias y el ánimo turbado por tanta prisa y tanto cambio. Dice el punto cuarto: El Gobierno provisional orientará su actividad no solo en el acatamiento de la libertad personal y cuanto ha constituido en nuestro régimen constitucional el estatuto de los derechos ciudadanos, sino que aspira a ensancharlos, adoptando garantías de amparo para aquellos derechos, y reconociendo como uno de los principios de la moderna dogmática jurídica el de la personalidad sindical y corporativa, base del nuevo derecho social. Suena a libertad. A cambio de época. A *Marsellesa*. Pero hay un punto sexto. El último. Dice así: El Gobierno provisional, en virtud de las razones que justifican la plenitud de su poder, incurriría en verdadero delito si abandonase la República naciente a quienes desde fuertes posiciones seculares y prevalidos de sus medios pueden dificultar su consolidación. En consecuencia, el Gobierno provisional podrá someter temporalmente los derechos del párrafo cuarto a un régimen de fiscalización gubernativa, de cuyo uso dará asimismo cuenta circunstanciada a las Cortes Constituyentes.

Detrás del nuevo Estatuto Jurídico aparece el nombre del presidente y de sus ocho ministros. Caja alta para los nombres, caja baja para sus cargos. *La Gaceta* del 15 de abril de 1931 —Año CCLXX, Tomo II, Núm. 105— vendida a media peseta en la planta baja del Ministerio de la Gobernación, va tomando forma. La idea ya es plomo. Pronto será papel.

Detrás de la retórica, del nuevo escudo y del marco orlado late un mensaje implícito: Hay un nuevo Gobierno en España con plenos poderes, que se declara investido directamente por el pueblo, y que está dispuesto a suspender los derechos necesarios sin intervención judicial con tal de proteger a la República de sus enemigos, ya sean monárquicos, comunistas o anarquistas. Es el orden. Lo que todo poder codicia.

Debe de ser agotador llamarse Josep Pla, tener que observar como Josep Pla y luego ponerse a escribir como Josep Pla. Más aún si ya es entrada la madrugada y uno llega al hotel derrengado y saturado de Historia. Pero aun así te sientas en un sillón del vestíbulo, con la plaza de Santa Ana tras los cristales, sacas el dietario y te pones a escribir.

El día comenzó de madrugada, zarandeado por el coche cama del tren Barcelona-Madrid. En el vagón restaurante todo el mundo habla de lo que pasará. Cunde un ambiente de profecía mientras las llanuras de los campos de Castilla, listadas por las franjas verdes del trigo temprano a los pies de un azul inmenso y claro, recuerdan que afuera permanece lo inmutable. Ya en Madrid, tu segunda vez en la capital, compras los periódicos y te sientas en el Café Riego para leer las informaciones sobre el vuelco electoral. Hurgas un poco en el Ministerio de Hacienda, olfateas por el centro de la ciudad y, ya en la tarde, te sacan del Hotel Palace para contemplar, desde el cruce de Castellana con Alcalá, el izado de la bandera republicana en el Palacio de Comunicaciones. Te sorprende la rapidez con la que el hormiguero humano se conforma y te engulle. Todo va como una traca: en sucesión de estallidos de diferente intensidad.

Así es como presencias el veloz borrado de los símbolos monárquicos en los comercios proveedores de la Real Casa, en las tiendas con el escudo real, en los hoteles y teatros con nombre de realeza. Delante de ti, el Hotel Príncipe de Asturias ha colocado una bandera republicana sobre la palabra príncipe. Ya es el Hotel de Asturias. Por las bocacalles, guardias civiles a caballo contemplan el espectáculo: cada vez más banderas republicanas, más gente venida de los suburbios, las primeras notas de *La Marsellesa* y del *Himno de Riego*, cuyas letras desconoce el pueblo y que va alterando con letrillas jocosas, todo con un aire de verbena triunfante, de carnaval político. Y sin embargo —por eso eres Josep Pla— aquello que más te impresiona es un pequeño detalle. A las puertas de la Real Gran Peña, el club más aristocrático y acomodado de la capital, unas mujeres de aspecto suburbial conversan con los porteros y empleados de esta noble casa. Rápidamente se iza en el mástil de la Gran Peña la bandera republicana. Es eso lo que te impacta: la indiferencia casi absoluta de las clases altas, de los funcionarios, del ejército, de la aristocracia. Nadie al otro lado da señales de vida. Nadie intenta evitar el hundimiento de la monarquía, el derrumbe de quince siglos de monarquía roída por la base y apolillada por la altura. No es una lucha de clases: uno de los dos bandos no ha comparecido en la batalla.

Has estado en la Puerta del Sol coleccionando estampas. Los desconocidos se abrazaban sin saber por qué.

Una prostituta le decía a su colega que con esto de la República todavía no se había estrenado hoy. Luego has cenado en el Ritz, oyendo los gritos y el vociferante gentío del exterior. Y más tarde, antes de regresar a este hotel y abrir el cuaderno del dietario en la calma de la madrugada, te has acercado al Palacio Real. Necesitabas ese ritual. El enorme edificio, absolutamente cerrado y del todo a oscuras, produce en ti una fuerte impresión. Su aspecto es tétrico, fantasmal, dramático. El Palacio parece muerto.

Enfrente, con tristes contornos, eternamente petrificados, ellos. Los reyes godos, Don Pelayo, Alfonso I, Íñigo Arista de Pamplona, Alfonso II de Asturias, Ramiro I de Asturias, Ordoño I de Asturias, Wifredo el Velloso, Alfonso III de Asturias. También Ordoño II y Ramiro II de León, Fernán González de Castilla, Alfonso V de León, Ramiro I de Aragón, Sancha I de León y Fernando I de León y Castilla. Por la cornisa asoman otros reyes: Moctezuma y Atahualpa de las Américas. Fernán González y García Fernández de Castilla. Sancho el Mayor y Sancho el Fuerte de Navarra. Ramiro el Monje y Jaume I de Aragón. Alfonso I y Juan V de Portugal. Requiario y Teodorico de Galicia. Todos sombríos, gatos pardos en la noche más triste de la monarquía.

Algunos anónimos se encaraman por los sillares de la fachada para conquistar lo ya conquistado. En la oscura noche aún se vislumbra, sobre el balcón, una bandera republicana hecha de harapos y atada a una caña. El pueblo ha tomado el Palacio.

Esa imagen te acompaña mientras desandas el camino de regreso al hotel y cruzas su vestíbulo, buenas noches, señor, buenas noches. Abres las hojas del dietario y

—como eres Josep Pla— te pones a escribir. Pienso en los libros que he leído sobre España, apuntas. En general, todos estos libros dicen lo mismo. España es una cosa inmóvil. La monarquía es una situación eterna. La duración de esa monarquía está garantizada, primero, por el Ejército y la Marina, que es una clase intocable. Después, por el latifundismo del Sur, de Andalucía y Extremadura. Después, por la Iglesia católica, apostólica y romana, por la que los españoles sienten una adoración viva, activa, pintoresca e indispensable. Después, porque el dinero es monárquico. Después, aún, porque la industrialización es incipiente, porque el orden público es fácil y porque la clase media es rabiosamente monárquica, y una mayoría del pueblo, también. Ahora bien: hoy, día 14 de abril, todas las impresionantes columnas del templo inmóvil se han derrumbado. Me vienen tales ganas de reír que, si no estuviera tan cansado, estas ganas serían aún más abundantes. Y por eso te conformas con la sonrisa, dejas la pluma y te hundes en la cama a dormir. Bona nit, Josep.

La luna, celeste parteluz, abre el camino del destierro. Las llanuras, los cerros, los álamos que abrevan en las aguas mansas del Tajo. Es noche cerrada, mas la luna —una ce mínima pintada en la negrura— ilumina, platea y acompaña el último viaje del rey por España.

Como el puente de Toledo estaba cerrado, el Duesenberg y todo el séquito real han enfilado la carretera de Andalucía rumbo a Ocaña. Al cruzar Aranjuez han visto las calles llenas de gente, ondeando banderas y gritando por la República. Noche de fiesta para muchos; el destierro para uno. Después han atravesado el puente sobre el rumoroso Tajo, a paso lento entre una multitud que no los reconocía. Qué hubiera pasado si.

Tras cruzar bajo la arcada que cierra la plaza, han podido pisar el acelerador camino de Ocaña. Hay prisa. La ansiedad crece. Solo se permiten una primera parada cuando están a salvo en pleno campo, en mitad de la nada, una vez han quedado atrás las sombras de Aranjuez. Bajan todos de los automóviles. El rey se encara al ministro de Marina y le pregunta: Quién me ha empaquetado a mí para Cartagena. El ministro responde que lo ha decidido el Gobierno. Y a dónde vamos después, inquiere el monarca. Al oído, para que nadie más se entere, el ministro le susurra dos palabras: A Marsella.

Esta tarde, el almirante y ministro de Marina ha ordenado al jefe del Estado Mayor de la Armada, Juan Cervera, que transmita un mensaje al comandante jefe de la escuadra, el vicealmirante Joaquín Montagut Miró, para que aliste urgentemente un crucero en el puerto de Cartagena con víveres para cinco días y lleno de combustible, las calderas encendidas y comandancia y tripulación de su máxima confianza. El buque es para el rey. Debe estar listo para zarpar a las tres de la madrugada. También ha dispuesto que haya un segundo barco, por si acaso.

La Guardia Civil se ha unido como escolta a este viaje de sonámbulos en la enfebrecida noche republicana, un vía crucis real que va atravesando un pueblo tras otro. El paisaje robado por la oscuridad, punteado por las estrellas en esta noche suave y clara de abril, está cargado de historia real. Ocaña, refugio de Isabel de Castilla al exiliarse de la Corte de su hermanastro Enrique IV. Villatobas, con tres flores de lis borbónicas en su escudo. Corral de Almaguer, declarada villa leal por Carlos V. Quintanar de la Orden, que resistió al embate carlista y recibió el título de muy leal villa con Isabel II.

Ya en tierras de Cuenca han pasado por Mota del Cuervo, con los siete molinos de viento contra los que Don Quijote luchó. Santa María de los Llanos, tierra de la Orden de Santiago cuyo gran maestre es el rey. El Pedernoso y Las Pedroñeras, que se rebelaron para depender de los Reyes Católicos y no de un marqués. El Provencio, fundado por el infante Juan Manuel. Y las diminutas Casas de Roldán, o Casas de Gachas, tan pobres y humildes que ningún rey ha pisado ni pisará.

El coche se adentra en parajes de Albacete. Más llanuras, más silencio roto por el ronquido de motor.

Atrás dejan el pueblo de Minaya, que lleva por nombre el apodo de Álvar Fáñez, capitán de Alfonso VI y lugarteniente del Cid. Al llegar a La Roda, que fue distinguida por Isabel de Castilla con el poder de cortar la mano derecha a quien osara no respetar sus privilegios, sucede algo inesperado. El Hispano-Suiza, con los militares ayudantes del rey a bordo, se detiene en la gasolinera para repostar, mientras el resto de automóviles prosigue la marcha. Tras llenar el depósito, a la salida del pueblo emerge un grupo de hombres, con actitud hostil, que se ponen delante del coche e intentan cerrarles el paso. Han creído que era el coche del rey. Pero el mecánico, temeroso de una emboscada, hace sonar la bocina y aprieta el acelerador para sortear el peligro. Los individuos se apartan y, al cabo de un trecho recorrido a gran velocidad, el Hispano-Suiza reconecta con la caravana real.

La noche prosigue. La silueta penumbrosa de La Gineta, en el camino real, deja paso enseguida a Albacete, donde Alfonso XIII, entonces un rey veinteañero, apretó el botón para inaugurar el abastecimiento de agua potable en la ciudad. Envueltos por los cerros de Madroño, Berrueco y los Pachecos, la comitiva llega a Tobarra. Se adentra en ella por la carretera que discurre entre el casco de la población y la estación de ferrocarril. Allí se encuentran con un paso a nivel que tiene la barrera bajada. Hay que parar. Y esperar. Y como todo puede suceder, sucede. Unos campesinos madrugadores se acercan a los automóviles. El rey baja de su berlina y saluda al casillero y a los hortelanos, que están regando sus campos en mitad de la madrugada, haya república o monarquía, como un samsara inquebrantable. Los campesinos lo reconocen. Es el rey. El Rey. Rápidamente se descubren. Forman dos filas en torno al impresionante coche de capota interminable, un Duesenberg en Tobarra, estampa irrepetible. El momento rezuma patetismo. Hay lágrimas y silencio. El monarca les da cigarros de su pitillera. Él también se halla conmovido. La escena se le está grabando a fuego.

La libertad del hortelano.

La huida del soberano.

A los pocos minutos la barrera es levantada y la comitiva vuelve a ponerse en circulación. Pero ya va con retraso. Y en Cartagena las autoridades están preocupadas. Se están haciendo muy largos los minutos. Una compañía de infantería de Marina garantiza la seguridad a la entrada del Arsenal y prohíbe el acceso a la población civil. La voz se ha corrido; ya muchos saben que el rey llega para hacerse a la mar. Unas doscientas personas aguardan el momento. Desde las dos y veinte están formados en el Arsenal el capitán general del departamento marítimo de Cartagena, almirante Antonio Magaz, con su Estado Mayor, el gobernador militar de Cartagena, general Zubillaga, el comandante general del Arsenal, Ángel Cervera, el general Murcia de Infantería de Marina y otros oficiales, todos esperando de pie y uniformados la llegada del monarca. Pero el monarca no llega. Los minutos van pasando. Y ellos se preocupan. Se impacientan. Y el séquito no llega.

El último viaje del rey prosigue por Castilla, por España. Es la noche más larga. La ventanilla enmarca más pueblos de un país donde el sol, para muchos, ya ha salido antes del amanecer. Pasan por Hellín, pueblo de Melchor de Macanaz, secretario real de Felipe V y hombre clave para la victoria al trono del Borbón. Adentrándose en tierras murcianas aparecen los olivares de Cieza, recompensada por Felipe V con el título de muy noble y muy leal villa por su apoyo en la guerra de Sucesión. Pero esa historia queda demasiado lejana para Miguel Camacho. Es el vigilante nocturno de la fábrica de esparto de Zamorano, frente al camino de la estación. Vigilante, nada más. Un jornal. Asomado sobre el muro que da a la carretera general, Miguel ve acercarse los faros de unos vehículos a gran velocidad y el rugido de sus motores. También los ven esas pobres mujeres que andan por la plaza de la Esquina del Convento con líos de ropa sobre la cabeza. De día son picadoras de esparto en la fábrica. De noche se adelantan a la aurora para ir a lavar a la Fuente del Ojo, haya monarquía o república, haya dictadura, dictablanda o democracia. Siempre el mismo olor a esparto cocido en las balsas de Cieza.

La comitiva continúa y pasa por Molina de Segura, vendida por Fernando IV para saldar una deuda de 140.000 maravedíes con el infante Juan Manuel. Y a las tres y once minutos de la madrugada cruza el séquito real por el Puente Viejo de Murcia. El puente de los Peligros, lo llaman, por la hornacina que custodia a la Virgen de los Peligros. A ella se han encomendado muchas generaciones de murcianos ante los más peligrosos trances. Cuántos devotos, desesperados, acorralados por su mente, han cruzado el puente de rodillas, con velas en las manos. El miedo al miedo: el peor de los miedos, el peligro supremo. Hasta la reina Isabel II le regaló unos pendientes a la virgen antes de ser arrollada por un peligro que al fin cristalizó: la Primera República. Hoy el peligro que azora a su nieto se llama Segunda República. Por eso huye. Y por la muerte. Lo dijo el jesuita: La muerte es ciega. Vendrá despacio o deprisa, de repente o con larga enfermedad, pero vendrá. Y hoy puede venir. Unas treinta personas esperan el paso del Borbón en el Puente Viejo. Alfonso XIII, sin ánimo para más, saluda a esos noctámbulos con un leve gesto, la mano alzada. Quiere ser saludo. Pero es despedida. El final se acerca.

Laudes
[3 — 6 н]

Que cada familia infeliz lo es a su manera se ve esta noche. Qué más da ser nieta de la reina de Inglaterra, hija de la princesa británica, reina consorte de España y madre del príncipe heredero. Qué importa haber nacido en un castillo escocés, tener cuatro nombres ilustres, Victoria Eugenia Julia Ena, el tratamiento de alteza serenísima y un apellido ilustre: Battenberg. Qué más da todo eso, sólidamente volátil. En esta noche confusa ella solo es Ena, la madre extranjera de una familia desgraciada. Desgraciada a su manera, pero desgraciada.

Pobre Ena. No tiene noticias del marido, huido a la fuerza en el misterio de la noche. Apenas sabe nada de un hijo de dieciséis años que ha sido obligado a cruzar el mar por miedo a la muerte. Tiene otro hijo de veinticuatro años paralizado en la cama, y es tan duro haberlo visto enfermo toda su vida y saber que la causa está en la sangre, en su sangre, sangre inglesa y real, sangre envenenada y mortal. Ve a sus dos hijas asustadas y llorosas, de veintiuno y diecinueve, que no se separan de mamá en esta noche convulsa dominada por el miedo. También tiene a otros dos hijos varones, uno sordomudo de veintidós y otro hemofílico con dieciséis, en absoluto preparados para este trance. Ella, con cinco hijos a su cargo, debe afrontar esta noche, la última. La última en su casa, la última en España, tal vez la última con vida. Quién sabe. La casa rebosa de servidores, mayordomos y mozos de comedor, rebosa de doncellas, criadas, amas de llaves y ayudas de cámara: toda la declinación posible de la servidumbre voluntaria, a punto de adquirir una nueva y esclava libertad. También están las fieles: lady Carisbrooke, la duquesa de la Victoria, la condesa del Puerto, la duquesa de Lécera y algunas otras damas de la aristocracia. Y sin embargo, la familia se sabe sola. Solo quedan ellos: Ena, Alfonso, Jaime, Beatriz, María Cristina y Gonzalo. Y afuera los gritos roncos. Y los ruidos turbadores. Y adentro Ekaterimburgo y todo el terror que una mente es capaz de fabricar.

La fortaleza está asediada. Lazos rojos, gorros frigios, banderas republicanas. Que se vayan, que se vayan. La Puerta del Príncipe permanece cerrada. Se ve un camión amenazante. Podría embestir la puerta en cualquier momento. La guardia exterior se ha refugiado en el interior de las garitas. Todo parece a punto para el asalto de la turba. Dos secciones de la escolta real están listas en la explanada de Caballerizas. Otra sección de guardia patrulla el Campo del Moro. El Regimiento de Húsares de Pavía, montado a caballo, hace guardia en la explanada de Caballerizas. Los alabarderos van armados con fusil. Y muchos leales acérrimos esconden sus armas entre las ropas, temiendo lo peor y dispuestos a lo que haga falta si la revolución cruza la raya, la última frontera del poder, el mullido bastión de la monarquía: el Palacio Real.

Adentro hay una familia repentinamente desgraciada. No una reina, un príncipe y cuatro infantes. Las máscaras han caído, arrumbados han quedado los coturnos, ya para qué interpretar papeles. La auténtica tragedia se explica sola, sin shakespeares que la adornen. Y en esta tragedia hay una madre, cinco hijos y un destino: el ostracismo. Ese es el plan que le han explicado a Ena. Saldrán a primera hora de la mañana por la parte trasera de Palacio. Los cuatro automóviles reales los conducirán al Escorial. Allí, en mitad de la sierra, tomarán el expreso a Irún para cruzar a Francia y llegar a París. Por eso hay que prepararlo todo. El personal de servicio va abriendo armarios y revolviendo cajones para llenar maletas y baúles. Sus hormigueantes sombras son proyectadas por las lámparas de araña, ridículos esqueletos del boato destronado. Es una noche de luces encendidas. Por eso los canarios no dejan de cantar en toda la madrugada. Jaula de oro, prisión real. Cantan y cantan los canarios, y la reina recoge sus joyas y también las de la reina María Cristina, como le ha pedido el rey. Siguen cantando los canarios y el peligro afuera se va calmando. Hombres con una cinta roja en el brazo izquierdo se han cogido de las manos, formando un cordón humano ante la fachada del Palacio Real, y han gritado cinco metros atrás, cinco metros atrás, escorzos imposibles en unos rostros ya exhaustos de tanta mueca demudada y tanto alarido febril. La muchedumbre ha reculado. Ya han bajado los escaladores de la fachada tras colgar una bandera. La tensión se ha rebajado. El capitán Creus respira. El capitán Marquina ha aguantado la angustia. El conde de Aguilar de Inestrillas parece aliviado. Y el teniente general López Pozas, jefe de la Casa Militar del

Rey, que luchó en Mindanao, sobrevivió a la guerra de Cuba y salió vivo del Barranco del Lobo marroquí, considera ya a salvo el Alcázar y su mayor tesoro: la familia real.

Ena, pobre Ena, asustada y encerrada en Palacio mientras los canarios cantan y cantan y no paran de cantar. Fue en otro palacio, el de Buckingham, hace un cuarto de siglo ya, donde conoció una noche a Alfonso XIII. Tenía diecisiete años. Era guapa, rubia, ojos azules. Una princesa elegante en un baile de gala primaveral. El rey de España se acercó a ella. Delgado, simpático, Borbón. Bailaron juntos. Un paso, otro, el talle, las manos. Espero que no me olvides, le susurró Alfonso XIII en el último baile. No es fácil olvidar la visita de un rey, respondió Ena. El rey le preguntó si coleccionaba tarjetas postales. Ella respondió que sí. Él le escribió una postal cada semana durante ocho meses. Cada semana, una. Querida Ena, dos puntos. Querida Ena, otra vez. Luego vino el compromiso. Iba a ser la reina consorte de España. La madre de un futuro rey. Ena dejó su país. Abjuró de su religión. Abrazó otra a la fuerza y amén. Llegaba así a una tierra nueva. Una tierra que la amaba: 18.427 lectores del *Abc* la votaron como su aspirante favorita a reina de España entre las ocho princesas europeas que el diario había seleccionado. Ganó aquella encuesta. Se ganó al pueblo con su papel entregado en la Cruz Roja. Sobrevivió a atentados, con el vestido blanco de novia teñido de sangre y la ilusión maltrecha. Sobrevivió a todos los engaños de un marido que pronto se olvidó del Querida Ena, dos puntos. No es fácil olvidar a un rey. Qué lejos queda aquel baile de junio en Buckingham Palace, los jardines en flor y el perfume nocturno en el ambiente. Entonces era todo radiante. Esta noche es enteramente crepuscular. Un Chopin en mi bemol mayor, melancólico y espiritual. Yo creí que había hecho el bien, se repite, yo creí que había hecho el bien. Ena ya está en la alcoba de las infantas. Con su hija pequeña dentro de la cama. Esta noche necesitan estar unidas. Las dos juntas, tocándose, intentando dormir. O al menos, esperando a que amanezca en esta casa llena de vacío y silencio, donde los canarios no paran de cantar. Las dos mujeres entre sábanas de lino, anegadas de noche y aguardando a una aurora indeseada. El padre Ángel Urriza dirá la última misa en Palacio para la familia real, para los servidores y para los aristócratas, duques, marqueses y palatinos con el sueño grabado en la tez, menos altiva que de costumbre tras una noche negra como el futuro que se abre. Y entonces ellos, los seis, Ena, Alfonso, Jaime, Baby, Crista y Gonzalo, con el perro Peluzón, dejarán su casa y marcharán en el tren rumbo al destierro. Una familia desgraciada con incierto porvenir. Como una postal en camino sin remite ni dirección.

Es el tacto frío, metálico y duro del arma. Es su peso sobre los brazos gráciles de la adolescencia.

La guardia republicana que se ha formado de improviso en la madrugada de Barcelona —para defender la República, l'Estat Català o lo que haya que defender frente a la monarquía borbónica y a esa España moribunda que a cada hora se consume un poco más— cuenta con un miembro que en todos despierta admiración.

Una chica de catorce años.

Una chica que, cuando se han repartido las armas y la munición, ha pedido para ella también. Núria, se llama. Bueno, nació como Maria. Pero sucedió algo curioso. Al verla después del bautizo Àngel Guimerà, dramaturgo y amigo de la familia, dijo que esa beldad a la que todos llamaban Maria tenía toda la pinta de llamarse Núria. Y Núria se quedó. Núria Folch i Pi, alumna del Instituto de Segunda Enseñanza, sección de Letras.

Las dos baterías de artilleros siguen recorriendo las principales calles de Barcelona. Hay que leer y propagar el bando de Macià, capitán Reinlein. Hay que hacer presente que el Ejército apoya el nuevo orden en construcción. Ya está bien de tiroteos y de asesinatos frente a la delegación de la policía o en la entrada de Correos. Orden: el nuevo poder lo necesita. Cataluña lo necesita.

Los estudiantes universitarios colaboran, velando en esta larga madrugada para que nada ni nadie tuerzan lo conseguido. Y entre todos los jóvenes, ella. Una chica. Una chica de instituto. Muy delgada, con ojos enormes y ligeramente hundidos, el pelo negro y el mentón decidido, la belleza de la juventud que aún no ha visto heraldos negros y que solo tiene horizontes, no recuerdos. Esa belleza efímera que la nostalgia seca y marchita.

Seguramente Núria ha mentido a sus compañeros de armas y les ha dicho que tiene quince años, pero lo cierto es que aún le faltan seis meses para cumplirlos. Eso sí: de espíritu republicano sabe más que la mayoría de ellos. Ha sido educada bajo los principios de l'École Française de la Troisième République. Su madre, completamente afrancesada, con el título de institutrice, la ha formado en esos valores. De laicidad. De librepensamiento. De civilidad.

Sin embargo, lo que ahora ella tiene entre las manos no es un ensayo de Rousseau ni la partitura de allons enfants de la patrie. Es un arma cargada. Para lo que haga falta. Está dispuesta a todo. A enrolarse en el Bloc Obrer i Camperol, con su pulsión comunista para una sociedad más justa, más catalana, más libre. Está dispuesta a todo por esa palabra que se recorta como un sueño evocador en su mente: revolución. Tiene catorce años, unos brazos blancos y delicados, y está dispuesta a lo que haga falta por esas ideas que le fascinan y que esta noche está viendo cumplirse en la plaça Sant Jaume, velando en la larga madrugada.

Es admirable, piensan algunos compañeros de armas

que no pueden dejar de observarla. Tan pequeña, tan frágil, tan mujer. Sobre todo, eso: tan mujer y aquí, en los lugares de máximo peligro, únicamente atenta a los intereses sagrados de Catalunya y de la libertad. Tal vez a alguno ya se le ha ocurrido la idea de mandarle al president Macià una carta llena de firmas. Una carta que relate el ejemplo valeroso de Núria Folch i Pi para que le sea concedida una distinción. Un reconocimiento por su actitud, pura avanzadilla de las mujeres nuevas que han de venir para esa pàtria lliure que está naciendo en esta madrugada a la que ella no teme. Una madrugada, por fin, con los buitres alejándose, donde las estrellas no hieren como amenazas ni la luna sangra al filo de su guadaña. En esta madrugada aferrada al tacto frío, metálico y duro, Núria presiente que tras la noche vendrá la vida más larga.

Al arma, al alba.

Aquí fue asesinado Asdrúbal el Bello por un traidor.

De aquí partió Aníbal, todo fuego en la mirada, con noventa mil infantes, doce mil caballeros y treinta y ocho elefantes africanos hacia la conquista de Roma.

Aquí entró victorioso Publio Cornelio Escipión.

Aquí —Qart Hadasht, Carthago Nova, Cartagena— se pone el punto final.

Aquí acaba un reinado de veintinueve años.

Aquí acaba el dominio de una dinastía de dos siglos.

Aquí acaba una monarquía de resonancias milenarias.

Ataúlfo, Sigerico, Walia, Teodorico I, Turismundo, Teodorico II, Eurico, Alarico II.

Gesaleico, Amalarico, Teudis, Teudiselo, Agila I, Atanagildo, Liuva I, Leovigildo.

Recaredo I, Liuva II, Witerico, Gundemaro, Sisebuto, Recaredo II, Suintila, Sisenando.

Chintila, Tulga, Chindasvinto, Recesvinto, Wamba, Ervigio, Égica, Witiza. Y Rodrigo Díaz de Vivar.

Y los Borgoña. Y los Trastámara. Y los Austria. Y los Bonaparte. Y los Saboya. Y la Casa de Borbón.

Toda la liturgia. El mito.

La comitiva real ha entrado por la calle Real. Larga, ancha, señorial. Luego ha girado a la derecha para adentrarse por el Arsenal. Tal y como estaba mandado, el coche del rey ha encontrado abierto el portalón neoclásico de madera. En el reloj de la fina torre marcan las cuatro y cinco de la madrugada. Separados por la fuerza pública, unas doscientas personas observan la entrada del séquito, la Historia ante sus ojos. Vivaelrey, grita alguien. Vivalarepública, clama otro.

El cielo quiere clarear con rojos y malvas al este. Es el final de la madrugada. Es el final.

Los automóviles recorren esos metros dentro del Arsenal que los conducen directamente al muelle de la Machina. Bajan de los coches con presteza. Allí aguardan el capitán general y las autoridades de Marina junto con una sección del 3.er Regimiento de Infantería. Todos los mandos quieren hablarle al rey. Alguna palabra, aunque sea. Él está serio, preocupado, algo pálido. Apenas pregunta si se ha proclamado la ley marcial. La respuesta es negativa. No hay nada extraordinario. Todo está normal en Cartagena.

Normal que la mitad de las mujeres cartageneras sean analfabetas.

Normal que los políticos locales salgan únicamente de la alta burguesía de los negocios y la industria.

Normal que los nuevos ricos de la minería especulativa —los Pedreño, los Aznar, los Conesa, los Zapata, los Aguirre o los Cervantes— habiten lujosas mansiones modernistas.

Normal que los trabajadores de las minas penen cada día por tres pesetas de jornal. Que los niños y las mujeres arrastren el mineral desde la mina hasta la cuba que lo eleva por dos pesetas, esas dos pesetas de plata con la efigie del rey cadete Alfonso XIII y el escudo coronado de la monarquía. Que habiten infraviviendas en arrabales. Que algunos cobren su soldada en vales canjeables por alimentos en comercios propiedad del mismo amo de la mina. Economía circular.

Normal que haya trovas que canten: Sangre vierte el corazón viendo, con vergüenza y pena, mendigar en Cartagena a los mineros de La Unión. ¿Qué te valió, pueblo mío, hacer tantos millonarios, y darles tal poderío, si aquí están tus proletarios con el armario vacío?

Normal que se camine varios kilómetros hasta el pozo de la mina, y que allí se inhale azufre y petróleo doce horas, se tosa sin ventilación doce horas, se sufran las humedades doce horas, y no haya fuerzas ni para pensar en el peligro mortal en esas doce horas.

Normal que malvivan los cargadores y tartaneros del puerto, los obreros del Arsenal, los fundidores de Santa Lucía, los albañiles de las mansiones modernistas, y todos los que sirven a los reclutas de la ciudad: aguadores, taberneros, bodegueros, buhoneros, limpiadoras, lavanderas, prostitutas y criadas.

Normal que tantos hombres sin esperanza maten media vida en la taberna alcoholizándose, blasfemando, golpeando la mesa y la barra, y que luego maltraten a sus esposas y maleduquen a sus hijos.

Sin liturgia.

Sin mito.

Sin novedad en el frente, Majestad: todo normal.

El rey estrecha las manos de los presentes y desciende los escalones para montar en esa falúa, una pequeña lancha motora con un armazón cubierto por un toldo que lo ha de llevar hasta el crucero *Príncipe Alfonso*, fondeado en el centro de este puerto militar y acoderado al muelle de la Curra a la espera de su ilustre pasajero.

Un sargento de la Guardia Civil, que durante catorce años había servido en la escolta real, no se aguanta las lágrimas en los ojos y grita vivaelrey. Viva, responden los demás. El rey levanta mínimamente el brazo y responde vivaespaña.

A la lancha suben el rey y el ministro de Marina. En ella va de retén el marino Joaquín Rivero Picardo. Hace solo cinco años juraba bandera en la Escuela Naval de San Fernando. Bigote fino, gorra de plato ladeada, catorce botones en la guerrera azul marino. Juráis a Dios y prometéis al Rey seguir sus banderas, defenderlas hasta perder la última gota de vuestra sangre y no abandonar a vuestros jefes en acción de guerra o preparación para ella. Sí, juramos, con el mosquetón en posición de suspendan y el beso en la cruz que forman la enseña y el sable de la bandera. Y en cambio. Y en cambio hoy, en esta madrugada sin rey ni bandera, todo orden parece quebrado.

Carlos Martínez Valverde, alférez de fragata, espera de pie en la toldilla del acorazado, bajo sus enormes cañones de popa, a que llegue la falúa con el rey. Tiene veinticuatro años. Es un romántico de los mares, un apasionado de la Historia. Al saber que iban a recibir al rey, un oficial de convicciones republicanas ha sugerido la idea de gritar vivalarepública cuando Alfonso XIII embarcase en el buque de su adiós. Todos se han opuesto, más por ética que por política. También Carlos. Por pura compasión ante el caído, ya sin la gracia de Dios.

En silencio aguardan la llegada de la lancha. El rey, acompañado por el ministro de Marina, desciende de ella. Estrecha la mano a los oficiales en el portalón y mira el crucero: 176 metros de eslora, catorce cañones, doce lanzatorpedos, capacidad para quinientos tripulantes.

Este barco ya lo conoce.

Con él ha viajado a Nápoles para asistir a la boda de la princesa Ana de Saboya con el duque de la Puglia. También ha ido a Estocolmo a bordo de este buque. Y a Escocia a una cacería de ciervos alojado en el castillo de los duques de Sutherland. Desde su cubierta ha observado maniobras de la Armada española en el Cantábrico y el Mediterráneo.

Pero hoy es diferente.

Ya el buque está en babor y estribor de guardia cuando se largan las últimas estachas. Del *Príncipe Alfonso* se elevan las cadenas de amarre. Las hélices empiezan a moverse con intensidad creciente. El crucero comienza a avanzar. Abre un surco virulento de agua a proa que se cierra a popa con estelas en la mar, metáfora de toda vida.

Rondan las cinco de la mañana. El crucero está saliendo del malecón. El rey le ha pedido al almirante Rivera un último deseo: subir al puente alto para despedirse de España. Allí está, contemplando su exilio, antes de que lo dejen en Marsella y cambien la bandera del mástil por la enseña tricolor. Un trapo por otro.

El mar bate contra las rocas. Las aves marinas acompasan el lento amanecer. Las montañas que circundan la bahía van recobrando su perfil con la débil claridad, apenas insinuante, de la primera aurora. Las sierras de Pelayo y la Muela. Los cabezos de San Pedro y del Gallufo. La loma de la Asomada y el puntal de la Estrella. La morra del Pino y la de los Garabitos. El macizo del Algarrobo y el Atalayón. Todo está como cada mañana. El batir del mar, el cantar de las aves, todas esas montañas. Eterno, inmutable. El rey lo mira, con la brisa en la cara, mientras se aleja la tierra y crece el azul oscuro de la mar.

Es el tiempo suspendido de las preguntas.

Qué son los reyes, se preguntaba hace un siglo Shelley, el romántico inglés. Veo a la temblorosa multitud, escucho el eco de sus serviles clamores extendiéndose, mientras el despiadado opresor se muestra complacido, se respondía. Pero la sonrisa de un monarca es como el sol de abril, escribió. Los reyes no son más que polvo. Un solo día bastará para destronarlos y arrebatarles su poder.

Emilio

Te van a enterrar.

Todos lo saben, Emilio, la última víctima de la monarquía.

Las primeras luces del día rejonean los cipreses del cementerio civil de Madrid. La última calma antes de la eterna. Y tú frío, azulándote, ya sin ser tú. Dicen que tu esposa Visitación y tus hijos se han presentado en el depósito judicial, pero no les han dejado verte. Con ese rictus adolorido tras tantas horas de agonía.

El entierro será a las cuatro y media de la tarde. Llegarás en un coche de cuatro caballos. El féretro humilde, con galón dorado, como corresponde a un pobre encuadernador en paro. En el coche, marchando al trote fúnebre, lucirá una corona de flores naturales, donada por el ayuntamiento, y en las cintas de esa corona —de color rojo, amarillo y morado, pues ya has sido deglutido para la causa— podrá leerse una inscripción: A la última víctima de la Monarquía, el ayuntamiento republicano. Esa es la frase de la corona. Tú, simple complemento; la República es el sujeto.

Las nuevas autoridades asistirán al entierro, el rostro

serio, debidamente compungido. Irá el gobernador Eduardo Ortega y Gasset. Irán los concejales del nuevo ayuntamiento. Concejal Cantos, concejal Abad, concejal García, concejal Muiño. Y detrás de Hamelín, cansado ya de tanto tocar, irá la marabunta, aún excitada tras tanto ulular.

Hace un rato ibas solo. Fuiste al cine. Tu cuñado te sumó a la manifestación. Tú no querías. Eso contó tu familia al periodista del *Heraldo*. Y aquella frase de película: Yo no te dejo solo. Cuando te interrogó el juzgado de guardia, personado de urgencia en la clínica donde intentaban salvarte, dijiste que la carga del paseo de Recoletos te sorprendió en la Cibeles, donde estabas por curiosidad presenciando el paso de los manifestantes, que marchaban con una bandera y dando vivas, y que de pronto sonaron descargas y tú recibiste el balazo que te tumbó en tierra. Eso declaraste mientras duraba tu agonía. Pero algo no encaja. Ibas en la manifestación arrastrado por tu cuñado o la mirabas de lejos por simple curiosidad. Y si no fuera cierta ni una ni otra versión. Y si eras republicano. Y si te sumaste con entusiasmo a la manifestación, aquella bandera flameando en el cielo de Madrid. Banderes, taüts vells de seda. Inflamen cors, esclafen cervells. Y tú detrás de ella. Ay, Emilio. Si es que lo hiciste, si es que disimulaste tu ardor político con el vientre perforado y la espalda horadada, tenías una razón. Nadie la sabe. Ya han pasado veintidós años de aquello. Y sucedió muy lejos de aquí. Vivías en La Laguna, en la isla de Tenerife. Emilio Arauzo Honorio, veintisiete años, casado, vecino de la calle Iriarte número 4. Pasaban los veinte grados en aquella tarde de primavera tardía, 17 de junio de 1909. Estabas en medio de la calle

Herradores discutiendo con otro individuo, Domingo Díaz, encargado de una tabaquería. Palabras altas, gritos, amenaza de pelea. Llegó un guardia municipal. La Ley. El Orden. El Sistema. El guardia te prendió. El día se iba despacio, la tarde colgada a un hombro, y a ti te llevaron al calabozo. Lo contaste después. Que dentro del calabozo comenzaste a bramar y a dar golpes y patadas en la puerta. Abrid, abrid. Soltadme. Dejadme salir. Yo no he hecho nada. Y de repente entró un cabo con dos guardias. Los golpes fueron tremendos. En el ojo izquierdo, que no lo podías ni abrir. En el cuello. En los labios. Un puntapié en la ingle izquierda, y parecía fractura de tan inflamada. Tú te caíste de perfil, viva moneda que luego se volverá a repetir. Al comienzo de la noche te soltaron. El cielo era la grupa de un potro. Tú, con la ropa empapada de sangre, caminabas solo en la suave noche lagunera. Solo y malherido. Ay, Emilio Arauzo Honorio, nacido en Madrid, que te vas al gobierno civil a presentar denuncia, porque han abusado de ti. Ay, Emilio Arauzo Honorio, curado por un médico de aquí, que ahora todos los guardias están blasfemando de ti. Intentándolo encubrir. Dirán que ibas bebido. Que insultaste al alcalde, a los laguneros y a la guardia municipal. Que las lesiones —brutales, escandalosas, imposibles de disimular— se debieron a que te caíste en la inspección o a que pudiste golpearte tú mismo en el calabozo. Eso dirán, bebiendo limonada todos. Y tú en cama, curado por el doctor Hernández, maldiciendo la injusticia, el abuso de poder y la salvajada. Y el ojo sin abrir, y la ingle adolorida, y la sangre en la ropa. Y aunque el juez te citó a declarar nueve meses después, ya no se supo más de aquel sumario número 55 del año 1909 por lesiones a Emilio Arauzo Honorio. Por eso, si anoche disimulaste tu ardor republicano mientras te hacían preguntas con el vientre perforado, tenías una razón. Una causa que explicaría las versiones contradictorias sobre tu presencia en Recoletos cuando el fuego de la Guardia Civil reventó la manifestación republicana. Tú, Emilio, tenías un motivo para no contar toda la verdad en el último día de la España alfonsina: protegerte ante un sistema podrido que años antes te apaleó en mitad de la noche porque sí. Un sistema moribundo que ayer de madrugada te mató a balazos. Porque sí.

Pero ahora mismo, cuando las lápidas clarean en este camposanto de rebeldes y no católicos, nadie conoce esa vieja historia de guardias y reos. Y da igual. Lo único que importa es que te han asignado un papel. Vivo servías de poco: un parado más. Muerto te has revalorizado. El último muerto de la monarquía. Ya están preparando tu entierro. Faltan pocas horas. Entrará el coche de caballos. El pobre ataúd. La corona republicana. Las autoridades. Tantos obreros detrás. Una emoción que te trasciende. Tú eres la excusa, el pretexto, el accidente necesario. Cuando te den sepultura, tomará la palabra Eduardo Ortega y Gasset. El hermano mayor del filósofo. Una cara rolliza, de intelectual, tan distinta a la tuya. Todos lo mirarán. Él ha sufrido el exilio, la clandestinidad, la cárcel. Ese ha sido su precio por atacar la dictadura y a una monarquía cómplice. Ideas y acción: diagonales alejadas a las de un pobre encuadernador. El domingo salió elegido concejal republicano. A esta hora ya es el gobernador civil de Madrid. Y delante de tu fosa, cuando ya no seas más que despojos y nutriente de relato, pronunciará unas palabras. Un responso laico para el mártir de la nueva fe. Estamos enterrando, dirá, a un hombre bueno, amante de su familia, que aunque tenía grandes necesidades no se dejó sobornar por los monárquicos y depositó su voto en la urna. La República acabará con estos atropellos de la fuerza pública. Porque la República respeta todos los derechos con el fin de realizar una España grande. Dirá eso y la gente aplaudirá. Y tu hermano añadirá una frase. Un grito. Una profecía final.

La República te vengará.

FUENTES

Nunca creí que reconstruir un día —un solo día de la Historia de España— iba a costar tanto. Todas las historias narradas en este libro de no ficción son reales. Declaraciones, detalles, nombres. Todo está documentado y basado en un abanico de fuentes heterogéneo: docenas de periódicos de abril del 31, archivos fotográficos, vídeos, documentales, películas, ensayos, tesis doctorales, trabajos final de máster, artículos académicos, libros de memorias, crónicas, diarios personales, cartas, dietarios, telegramas, radiogramas, cables diplomáticos, partes policiales, pasquines políticos, alocuciones radiofónicas, revistas, informes de partido, fichas de afiliados, gacetas oficiales, estatutos jurídicos, sentencias judiciales, boletines militares, cédulas, partes de defunción, registros meteorológicos, órdenes militares, árboles genealógicos, el calendario lunar, estadísticas futbolísticas, cuadros, esculturas, breviarios, archivos militares, fichas antropométricas, el *Diario Oficial del Ministerio de la Guerra*, mapas de carreteras y callejeros de época, actas plenarias, bases de datos de la España de 1931, inscripciones en lápidas, obituarios, listas de fusilados, textos teatrales, el romancero popular, poemas, letras de zarzuela, himnos, resultados electorales, fichas técnicas automovilísticas y náuticas, el visor de Google Maps y el de Google Street View, y numerosas entradas de Wikipedia y del *Diccionario biográfico español*.

En el plano general, para captar la esencia del 14 de abril de 1931 y localizar pequeñas historias de cuyo hilo ir tirando con paciencia, ha sido fundamental leer toda la prensa española de aquellos días —del *Heraldo de Madrid* al *Telegrama del Rif*, pasando por los periódicos de cada provincia—, así como tres libros que merecen ser destacados. El primero es *14 de abril. Crónica del día en que España amaneció republicana*, un ensayo del profesor universitario Vicente Clavero basado en la investigación de su tesis doctoral, titulada *La prensa madrileña ante la llegada de la Segunda República*. El segundo volumen es *Los últimos días (12, 13, 14 y 15 de abril de 1931)*, escrito hace medio siglo por José María Tavera. Y el tercero, en edición de 1932, ha sido *La caída de Alfonso XIII: causas y episodios de una revolución*, firmado por Julián Cortes Cavanillas y con muchos detalles debido a la proximidad temporal a los hechos. A los autores de estos trabajos les traslado mi gratitud de una manera especial y mi reconocimiento por su labor.

En el plano medio, sobre la figura de Alfonso XIII —ampliamente estudiada por historiadores coetáneos y actuales— he obtenido algunos aspectos cruciales para este libro a partir de algunas obras que merecen ser reseñadas. El *Diario íntimo de Alfonso XIII*, comentado por J. L. Castillo-Puche, facilita los pormenores de su infancia y adolescencia. Los *Ejercicios espirituales: A S. M. el*

Rey don Alfonso XIII antes de su coronación, compilados dentro de las obras completas del padre Luis Coloma, recogen aquellas charlas en Palacio. *Habla el Rey: discursos de don Alfonso XIII*, recopilados y anotados por José Gutiérrez-Ravé, rescata las palabras en crudo del monarca. *Alfonso XIII, el rey de espadas*, de Gabriel Cardona, ofrece una instructiva perspectiva militar de su reinado. El ensayo *Alfonso XIII: un político en el trono*, coordinado por Javier Moreno Luzón, reúne miradas de distintos historiadores a la trayectoria del monarca. El libro *Por el camino de la revolución. La Marina Española, Alfonso XIII y la Segunda República*, de Hermenegildo Franco Castañón, tiene unas páginas con detalles poco conocidos sobre la huida del rey a bordo del barco *Príncipe Alfonso* en Cartagena y los prolegómenos del viaje. Asimismo, los nueve folios que escribió el ministro de Marina José Rivera y Álvarez de Canedo, publicados en la *Revista de Historia Naval*, aportan información valiosa sobre esos últimos instantes. Aquel viaje hacia Cartagena lo describió Torcuato Luca de Tena en *Abc* el 18 de enero de 1980. Para contar el viaje del rey desde el Campo del Moro hasta Cartagena, con el paso por cada pueblo y la vinculación de cada uno de esos municipios con la corona, ha sido necesario consultar los mapas de carreteras de la época y bucear en la historia de cada uno de esos municipios —una veintena— que atravesó la comitiva. La historia de aquel humilde vigilante nocturno de la fábrica de esparto de Cieza que vio pasar a la comitiva real esa madrugada se la debo al escritor de Cieza Joaquín Gómez Carrillo, biznieto de aquel trabajador, que la documenta en su blog «El pico de la Atalaya». A Lluís

Belenes le agradezco su sistematización de todos los gobiernos bajo el reinado de Alfonso XIII, con cada cambio de ministro pormenorizado en su web. Una visita personal al Palacio Real libreta en mano y los artículos que lo describen, así como distintas fotografías de época, han contribuido a describir la súbita descomposición de aquel coloso de mármol y soledad. El ensayo *La reina Victoria Eugenia, de cerca*, de Marino Gómez Santos, y otros artículos sobre Ena permiten reflejar los momentos de angustia final en Palacio de una reina menguante.

Para relatar lo vivido aquella jornada en la Puerta del Sol, con la entrada de la bandera republicana a manos del teniente Mohíno, ha sido clave el magistral artículo académico titulado «Anatomía de un instante y de un lugar: Puerta del Sol, Madrid, 14 de abril de 1931», escrito por Juan Francisco Fuentes Aragonés y José Luis González Fernández. De este último autor, en compañía de Marie-Angèle Orobon, es el trabajo «Echar a la calle: el destronamiento simbólico de Alfonso XIII». Ese texto, junto con el artículo «Reyes a pie de calle. Simbolismo y espacio público en Europa meridional (siglos XIX y XX)», firmado por Rafael Fernández Sirvent y Sergio Sánchez Collantes, han sido básicos para nutrir la narración sobre la destrucción de esculturas y los cambios en el callejero producidos aquel día. Debo mucho a esos textos y a sus autores. También a los detalles biográficos que acerca del teniente Mohíno ofrece un artículo histórico escrito por el teniente coronel de Ingenieros Rafael Álvarez Rodríguez. Otra vertiente simbólica ha sido la música reivindicativa de aquella jornada. La tesis doctoral «La música como elemento de representación institucional: el himno de la Segunda República española», de Enrique Téllez Cenzano, indaga en las canciones del 14 de abril. Esa investigación permite concluir que la versión de *La Marsellesa* cantada por Miguel Fleta aquella tarde en Madrid era la de una zarzuela homónima, cuya letra reproduce este libro. Las referencias musicales se complementan con el artículo «Los himnos 'La Marseillaise' y 'L'internationale': dos canciones de circunstancias y dos maneras de ver el mundo», de Bárbara Fernández Taviel de Andrade.

La narración de los hechos sucedidos en Cataluña, complejos y apasionantes, se apoya en numerosas fuentes. Merecen ser destacadas las cinco siguientes: el libro *Ventura Gassol: un home de cor al servei de Catalunya*, de Eufemià Fort i Cogul, imprescindible para acercarse a este personaje fascinante; el volumen *14 d'abril: Macià contra Companys*, una gran crónica investigada por Toni Soler, y la excelente adaptación cinematográfica que hizo Manuel Huerga bajo ese mismo título; el artículo académico del historiador Enric Ucelay-Da Cal «Las raíces del 14 de abril en Cataluña», que amplía la perspectiva; y el detallado artículo «Quatre dies d'abril tenyits d'independència. Crònica política de la República Catalana, del 14 al 17 d'abril de 1931», publicado en 2011 por el entonces abogado, editor y escritor Quim Torra i Pla. Los documentos originales de las órdenes de Macià al nuevo capitán general aportan detalles curiosos.

En el plano corto, cada fragmento de este libro descansa en diversas fuentes, y tendría poco sentido desgranar aquí con exhaustividad cada una de ellas. No obstante, sí que es necesario destacar las fuentes fundamentales que sustentan esta narración. El teniente coronel Juan

José Crespo ha sido crucial (como ya lo fue en las bambalinas de *El peón*) para conseguir que una funcionaria amable del archivo del Departamento de Estado de Estados Unidos escaneara, a propósito para este trabajo, los telegramas del embajador americano Laughlin enviados aquel día. El artículo de la profesora Aurora Bosch «Washington y las posibilidades de la II República Española, 1931-1936», así como vídeos del embajador y varios artículos sobre su trayectoria, azarosa y anticomunista, han sido fundamentales para completar el retrato de ese fragmento. Las *Memorias* de Santiago Carrillo permiten reconstruir la jornada de aquel muchacho de dieciséis años en Madrid. El libro *Doble esplendor* de Constancia de la Mora es una delicia para captar el espíritu de aquel espíritu libre que fue Connie y los detalles de su vivencia. Josep Pla consignó todos sus movimientos del 14 de abril en ese librito genial que es *Madrid: el advenimiento de la República*. La hemeroteca permite completar todo lo que veía y rodeaba a Pla. El papel de Unamuno ha sido rastreado en la hemeroteca y en obras que han aportado valiosas pinceladas. Destaco los libros *Unamuno libelista. Sus campañas contra Alfonso XIII y la dictadura*, de Eduardo Comín Colomer, y *Miguel de Unamuno: Biografía*, de Jean-Claude Rabaté y Colette Rabaté. Algunos datos interesantes han sido obtenidos gracias a las investigaciones de Francisco Blanco Prieto en el artículo académico «Unamuno y la Guerra Civil», y a un viejo artículo escrito por Ángel Alcalá bajo el título «El Unamuno agónico y el "sentido de la vida"». La web margaritaxirgu.es alberga correspondencia de la actriz. Ahí dormía esa bella carta escrita a su hermano, del Fondo Xavier Rius

Xirgu, así como las quemaduras que sufrió en el accidente doméstico. De la hemeroteca he obtenido los detalles de esas representaciones y las imágenes de Xirgu en escena aquellos días para poder describir el aspecto de la actriz. El texto original de la función, escrito por Jacinto Benavente, aporta las frases que Xirgu pronunció esa tarde sobre las tablas. El acta original del pleno que proclamó la República en Eibar contiene los datos fundamentales para el pasaje narrado. El largo artículo «La Academia General Militar (1927-1931). Su historia», de Fernando Martínez de Baños Carrillo, permite desentrañar aspectos muy desconocidos sobre el papel del general Franco en aquella jornada. Era difícil encontrar el rastro del artillero Reinlein por errores en la transcripción de su nombre en la prensa de aquellos días. La fortuna, siempre providencial cuando se cruzan datos una y otra vez, ha permitido localizar quién era en realidad aquel artillero. Y muchos detalles beben de un artículo escrito por Iciar P. Reinlein, periodista y descendiente suya, bajo el título «75 aniversario de una batalla histórica. El comandante Reinlein en Krasny Bor: Tres días de febrero de 1943». Una reseña histórica de Juan Manuel Guirado Aguilar ha perfilado mejor El Castillito donde se hospedaba el infante don Juan en San Fernando. El libro *Monarquía y república. Jaque al rey*, del historiador Ricardo de la Cierva, da cuenta del papel de su abuelo en aquellas horas difíciles y rescata su tenso diálogo con el rey en el despacho del monarca. Las páginas del diario deportivo *Excelsior*, en especial, proporcionan datos sobre los movimientos de la selección italiana de fútbol aquellos días, y el repaso a la biografía de cada uno de los futbolistas y del entrenador en diversas fuentes ayuda a retratar ese combinado italiano asustado en una capital convulsa. Para explorar detalles sobre Ateo Martí he acudido al artículo «Ateo Martí, un activista anticlerical en la Segunda República (1931-1936)», de David Ginard Féron, y a «La Proclamació de la República a Palma», publicado en *Memòria Civil*. El texto escrito por Antoni Floresví Mas en «La proclamació de la República a la ciutat de Tarragona viscuda per un noi de 14 anys» ofrece la voz directa de su protagonista a través de sus recuerdos. El parto de Rosa Vila lo relató Eduardo del Campo en un reportaje para *El Español*. La búsqueda de más datos reconstruye quién fue el médico, sus vínculos masones y otros aspectos de aquel íntimo momento; las imágenes históricas y actuales permiten describir el hospital y sus vistas. Un largo reportaje de Ignacio Carrión en el *Blanco y Negro* del 20 de febrero de 1971 ofrece datos sobre Paco Concheso, el fiel ayuda de cámara de Alfonso XIII, así como una imagen suya. Una larga entrevista a Núria Folch, realizada por Guillem Miralles, Eugeni Estopà y Tina Vallès bajo el título «La transició va començar just acabada la Segona Guerra Mundial», da referencias fundamentales sobre su vida y su personalidad. Su papel en aquella histórica madrugada ya quedaba retratado en la *Revista de Catalunya* de mayo del 31. Un artículo del historiador Miguel Ángel del Arco Blanco arroja luz a lo sucedido en Granada aquella jornada. El romance popular y los detalles del monumento a Mariana Pineda completan la narración. El capítulo dedicado al periodista francés que escribía en *L'Humanité* debe información a fuentes muy diversas. Pero destaco tres: Una es el artículo «El Parti Communiste Français y la Segunda República española:

el Bienio Reformista (1931-1933)», de Roberto Ceamanos Llorens. Otra es una carta facilitada por el Archivo del Comité Central del PCE, con ayuda del historiador Miquel Lorente, bajo el encabezamiento «Viva la República de los Consejos de obreros, soldados y campesinos». Y la tercera es el ensayo *Memoria roja: una historia cultural de la memoria comunista en España, 1931-1977*, de José Carlos Rueda Laffond. La historia de la parricida Josefa Fuertes ha exigido una amplia consulta a los artículos publicados en la prensa, especialmente los de *La Vanguardia*, *Abc* y *La Publicitat*; una fotografía de Josefa ha permitido describir a aquella mujer. El pasaje con los datos de la Cartagena de 1931, marcada por las desigualdades, debe su información al texto de Francisco Franco Fernández «Cartagena durante la Segunda República española. Marco socioeconómico y Bienio Social Azañista». La investigación de Álvaro de Diego González en «Los últimos del rey: Los legionarios de Albiñana en los estertores de la monarquía», así como un trabajo de Matteo Tomasoni sobre «La dialéctica religiosa del fascismo español. Liturgia política y prensa jonsista: los casos de *Libertad* e *Igualdad*», dan la perspectiva necesaria para ahondar en la excéntrica figura del doctor Albiñana y en aquel mundo fascista *avant la lettre*, así como el detalle del niño de diez años afiliado en 1930 para tomar y recibir palos. Sobre Jaca, es imprescindible destacar el artículo «Los procesos del cuartel de la Victoria de Jaca en 1931», de Antonio Baso Andreu, así como artículos de época del periódico *Jaca*, los trabajos del historiador Enrique Sarasa, del periodista Enrique Vicién, autor de *La república que madrugó*, un interesante reportaje de Gonzalo Ugidos sobre Antonio Beltrán, y un capítulo referido a la prisión de Jaca extraído del libro *Cómo se salvó Joaquín Maurín*, de Jeanne Maurín. El trabajo fin de máster sobre «Los mitos perdidos durante la construcción de la II República: El ejemplo de Fermín Galán y Ángel García Hernández», escrito por la historiadora Sara Romeo Zamora, ilumina sobre el simbolismo de los dos mártires republicanos enterrados en Huesca. Una guía turística por su cementerio, consultable en Youtube, aporta algún dato más. La historia fascinante que comparten Ramón Acín y Concha Monrás, sus palabras cruzadas y el fervor vivido delante de su casa en aquella jornada las debo, principalmente, a las siguientes fuentes: los documentos que custodia la Fundación Acín; el ensayo biográfico *Fragmentos de vida y muerte de Ramón Acín* escrito en 1937 por Felipe Alaiz de Pablo; y los artículos «Tú eres antes que todo», sobre la correspondencia entre Ramón Acín y Conchita Monrás, firmado por Víctor Juan, así como el bellísimo texto «El anarquismo consorte», de Lola Campos, cuyas imágenes permiten descripciones más ricas. La crónica de lo acontecido aquel día está basada en los números de *El Diario de Huesca* de esos días. No puedo dejar de mencionar unas obras de especial ayuda en aspectos dispares: *Así cayó Alfonso XIII*, de Miguel Maura, que recuerda cómo aquella tarde subió los escalones de Gobernación de tres en tres y su vivencia; *Los orígenes de la Segunda República: anatomía de una transición*, de Shlomo Ben-Ami, gran surtidor de información; las *Memorias* del republicano Diego Martínez Barrio; la investigación *Cifras cruentas: las víctimas mortales de la violencia sociopolítica en la Segunda República española (1931-1936)*, de Eduardo

González Calleja, para cotejar algunos aspectos; el libro *Sanjurjo*, de César González Ruano; y la crónica *Vida y muerte de la República Española*, del corresponsal Henry Buckley.

En el primerísimo primer plano, para rastrear a aquellos olvidados de la Historia que en el 14 de abril de 1931 estuvieron rodeados por la muerte, la hemeroteca ha sido el apoyo fundamental. En el caso de Emilio Arauzo Honorio, que abre y cierra el libro, un repaso a fondo de la prensa proporciona el relato de su trágico final. Especialmente, en el *Heraldo de Madrid*. En *El Sol* del 14 de abril hay una foto firmada por Alfonso, con Emilio tumbado en el hospital y empapado en sangre, que permite la descripción pormenorizada de su agonía. Su tumba, con lápida blanca, proporciona la edad exacta. El azar en la búsqueda insistente en la hemeroteca ha permitido localizar en las páginas del diario republicano *El Progreso* de Santa Cruz de Tenerife, del 19 de junio de 1909, un hallazgo hasta ahora inédito: el abuso policial que Emilio sufrió en 1909 en los calabozos de La Laguna. En ningún sitio había encontrado esa referencia, importante para entender a una víctima tan simbólica en la llegada de la Segunda República española. La consulta del libro *Teresa Claramunt: la «virgen roja» barcelonesa: biografía y escritos*, de Maria Amalia Pradas Baena, y el artículo de la profesora Laura Vicente Villanueva titulado «Teresa Claramunt, memoria y biografía de una heterodoxa» han sustentado la aproximación a la muerte y el entierro de este mito del anarquismo. También los ejemplares del periódico *Solidaridad Obrera* han aportado valiosas referencias para narrar su vida y su adiós, así como la visión del lugar donde está enterrada.

Para abordar el dramático final de la pescadera Cándida Lago, ha sido fundamental un artículo en dos entregas publicado en *El Faro de Vigo* por Xesús Cancelas Franco, miembro de la Agrupación Cultural Nós de Moaña. También han alimentado ese fragmento los escritos de Daniel Abelenda, las palabras de Xosé Collazo y Concha Trigo, de Moaña, así como todos los artículos que le dedicaron en la prensa a esta mujer. Igualmente han servido los vídeos con los homenajes y mesas redondas por su memoria que hay colgados en Youtube. Para relatar la muerte del militar Eduardo Rovira he conseguido tres documentos fundamentales gracias a unas manos oportunas a las que agradezco enormemente el discreto favor. Son los siguientes: el parte del inspector de guardia de la policía en las Atarazanas el 14 de abril dirigido al gobernador militar de Barcelona; el parte del director del hospital militar de Barcelona enviado al gobernador militar de Barcelona; y el parte del teniente coronel jefe del Batallón de Montaña «Barcelona» n.º 1 remitido al gobernador militar de Barcelona. En estos documentos originales se ve, gracias a que el teniente coronel quiso dejar constancia de ello con valentía y honrosa ética personal, que fue la policía quien disparó a Eduardo Rovira. También se comprueba el itinerario del cuerpo después de ser acribillado y se observa que Eduardo estaba ese día acogido al capítulo XVII de la Ley de Reclutamiento de 1912. Al contrastar esa ley, eso significa que estaba de licencia: un permiso largo que no obligaba a ir vestido de uniforme. El fragmento dedicado a la muerte accidental del joven Antonio Belinchón a bordo del tranvía de Madrid se apoya en los breves recortes publicados en la prensa. Sin foto. Sin apenas detalles. Poco más que la cédula con su dirección. Del blog *Antiguos Cafés de Madrid*, escrito por M. R. Giménez, he podido rescatar el ambiente de la época en Cuatro Caminos en el que vivía aquel Antonio, apenas un nombre y poco más, y el bar Chumbica, frecuentado por la clase obrera de aquel barrio. Para el capítulo dedicado al joven Francisco Boza, tiroteado en Huelva por la Guardia Civil, y para perfilar aquella Huelva de las minas atrapada en esa suerte de *apartheid* económico creado por los ingleses, es indispensable citar a la prensa onubense de la época y tres referencias que me han sido indispensables: la tesis doctoral de Consuelo Domínguez Domínguez, titulada «La enseñanza en Huelva durante la II República (1931-1936)»; la síntesis de José Manuel Vázquez Lazo y Cristóbal García García publicada en el *Diario Odiel* sobre «Huelva, 12-14 abril, 1931»; y un interesante reportaje de Eduardo J. Sugrañes de «Cuando El Polvorín se hizo barrio». Respecto al telegrafista Pàmies que perdió la vida en el atraco a la sede de Correos en Barcelona, si bien en los primeros momentos era identificado en la prensa como Benjamín, un suelto de cinco líneas publicado en *La Vanguardia* el 16 de abril especifica sus datos básicos: nombre, edad y pueblo de nacimiento, lo cual permite viajar a aquel Falset amenazado por la filoxera.

En el plano poético, que impregna algunos de los planos anteriores, hay intertextualidades en homenaje a dos poetas coetáneos al 14 de abril y que tan importantes son en el imaginario de la República: Miguel Hernández y Federico García Lorca. En otros casos hay sutiles tributos a Francisco Brines, César Vallejo, Vicent Andrés Estellés, Marc Granell, José Agustín Goytisolo, San Juan de la Cruz, Luis Eduardo Aute o Elena Fortún, en esa preciosa carta a Carmen Conde donde subraya las cosas feas que se hacen con los cuerpos vacíos.

❉

Agradezco al jurado del II Premio de No Ficción Libros del Asteroide que haya confiado en este proyecto, así como todas las sugerencias —siempre acertadas— que han realizado a lo largo del camino colectivo que siempre es un libro. También quedo en deuda con el resto de personas que han contribuido al proceso de revisión, como los historiadores Joseba Louzao Villar y Óscar González Camaño. Merecen un reconocimiento especial el ojo clínico del editor Luis Solano y el buen criterio en sus apuntes de Puri Mascarell y Pasqual Cerdà.

Como ya indiqué en *El peón* al acabar aquel viaje a la Guerra Fría y el franquismo, si entre el marasmo de documentación consultada y de información exhumada para este libro se han colado algunos errores o inexactitudes, ya sea por culpa del autor o de la fuente consultada, vayan mis disculpas por adelantado.

Este libro termina en la madrugada del 15 de abril de 1931, sin revelar qué pasa después con la vida de todos los personajes —personas, en realidad— que desfilan por sus páginas. Es descorazonador conocer el devenir de muchos de ellos. Muertos en combate, fusilados, represaliados, encarcelados, carcomidos por la tristeza del exilio. Otro Hamelín, otra flauta, y siempre la misma minúscula pagando el precio de la Historia. Sin embargo, eso forma parte de otros libros que aún están por escribir.

«Y murió batiéndose heroicamente por una causa que no era la suya.»
MANUEL CHAVES NOGALES

Desde LIBROS DEL ASTEROIDE queremos agradecerle el tiempo que ha dedicado a la lectura de *14 de abril*.
Esperamos que el libro le haya gustado y le animamos a que, si así ha sido, lo recomiende a otro lector.

Al final de este volumen nos permitimos proponerle otros títulos de nuestra colección.

Queremos animarle también a que nos visite en www.librosdelasteroide.com y en nuestros perfiles de redes sociales, donde encontrará información completa y detallada sobre todas nuestras publicaciones y podrá ponerse en contacto con nosotros para hacernos llegar sus opiniones y sugerencias.
Le esperamos.

Otros títulos publicados por Libros del Asteroide:

14 Hogueras en la llanura, **Shohei Ooka**
15 Mantícora, **Robertson Davies**
16 El mercader de alfombras, **Phillip Lopate**
17 El maestro Juan Martínez que estaba allí, **Manuel Chaves Nogales**
18 La mesilla de noche, **Edgar Telles Ribeiro**
19 El mundo de los prodigios, **Robertson Davies**
20 Los vagabundos de la cosecha, **John Steinbeck**
21 Una educación incompleta, **Evelyn Waugh**
22 La hierba amarga, **Marga Minco**
23 La hoja plegada, **William Maxwell**
24 El hombre perro, **Yoram Kaniuk**
25 Lluvia negra, **Masuji Ibuse**
26 El delator, **Liam O'Flaherty**
27 La educación de Oscar Fairfax, **Louis Auchincloss**
28 Personajes secundarios, **Joyce Johnson**
29 El vaso de plata, **Antoni Marí**
30 Ángeles rebeldes, **Robertson Davies**
31 La bendición, **Nancy Mitford**
32 Vientos amargos, **Harry Wu**
33 Río Fugitivo, **Edmundo Paz Soldán**
34 El Pentateuco de Isaac, **Angel Wagenstein**
35 Postales de invierno, **Ann Beattie**
36 El tiempo de las cabras, **Luan Starova**
37 Adiós, hasta mañana, **William Maxwell**
38 Vida de Manolo, **Josep Pla**
39 En lugar seguro, **Wallace Stegner**
40 Me voy con vosotros para siempre, **Fred Chappell**
41 Niebla en el puente de Tolbiac, **Léo Malet**
42 Lo que arraiga en el hueso, **Robertson Davies**
43 Chico de barrio, **Ermanno Olmi**
44 Juan Belmonte, matador de toros, **Manuel Chaves Nogales**
45 Adiós, Shanghai, **Angel Wagenstein**
46 Segundo matrimonio, **Phillip Lopate**
47 El hombre del traje gris, **Sloan Wilson**
48 Los días contados, **Miklós Bánffy**
49 No se lo digas a Alfred, **Nancy Mitford**
50 Las grandes familias, **Maurice Druon**
51 Todos los colores del sol y de la noche, **Lenka Reinerová**
52 La lira de Orfeo, **Robertson Davies**
53 Cuatro hermanas, **Jetta Carleton**
54 Retratos de Will, **Ann Beattie**
55 Ángulo de reposo, **Wallace Stegner**

56 El hombre, un lobo para el hombre, **Janusz Bardach**
57 Trilogía de Deptford, **Robertson Davies**
58 Calle de la Estación, 120, **Léo Malet**
59 Las almas juzgadas, **Miklós Bánffy**
60 El gran mundo, **David Malouf**
61 Lejos de Toledo, **Angel Wagenstein**
62 Jernigan, **David Gates**
63 La agonía de Francia, **Manuel Chaves Nogales**
64 Diario de un ama de casa desquiciada, **Sue Kaufman**
65 Un año en el altiplano, **Emilio Lussu**
66 La caída de los cuerpos, **Maurice Druon**
67 El río de la vida, **Norman Maclean**
68 El reino dividido, **Miklós Bánffy**
69 El rector de Justin, **Louis Auchincloss**
70 El infierno de los jemeres rojos, **Denise Affonço**
71 Roscoe, negocios de amor y guerra, **William Kennedy**
72 El pájaro espectador, **Wallace Stegner**
73 La bandera invisible, **Peter Bamm**
74 Cita en los infiernos, **Maurice Druon**
75 Tren a Pakistán, **Khushwant Singh**
76 A merced de la tempestad, **Robertson Davies**
77 Ratas de Montsouris, **Léo Malet**
78 Un matrimonio feliz, **Rafael Yglesias**
79 El frente ruso, **Jean-Claude Lalumière**
80 Télex desde Cuba, **Rachel Kushner**
81 A sangre y fuego, **Manuel Chaves Nogales**
82 Una temporada para silbar, **Ivan Doig**
83 Mi abuelo llegó esquiando, **Daniel Katz**
84 Mi planta de naranja lima, **José Mauro de Vasconcelos**
85 Los amigos de Eddie Coyle, **George V. Higgins**
86 Martin Dressler. Historia de un soñador americano, **Steven Millhauser**
87 Cristianos, **Jean Rolin**
88 Las crónicas de la señorita Hempel, **Sarah Shun-lien Bynum**
89 Canción de Rachel, **Miguel Barnet**
90 Levadura de malícia, **Robertson Davies**
91 Tallo de hierro, **William Kennedy**
92 Trifulca a la vista, **Nancy Mitford**
93 Rescate, **David Malouf**
94 Alí y Nino, **Kurban Said**
95 Todo, **Kevin Canty**
96 Un mundo aparte, **Gustaw Herling-Grudziński**
97 Al oeste con la noche, **Beryl Markham**
98 Algún día este dolor te será útil, **Peter Cameron**
99 La vuelta a Europa en avión. Un pequeño burgués en la Rusia roja, **Manuel Chaves Nogales**
100 Una mezcla de flaquezas, **Robertson Davies**

101 Ratas en el jardín, **Valentí Puig**
102 Mátalos suavemente, **George V. Higgins**
103 Pasando el rato en un país cálido, **Jose Dalisay**
104 1948, **Yoram Kaniuk**
105 El rapto de Britney Spears, **Jean Rolin**
106 A propósito de Abbott, **Chris Bachelder**
107 Jóvenes talentos, **Nikolai Grozni**
108 La jugada maestra de Billy Phelan, **William Kennedy**
109 El desbarajuste, **Ferran Planes**
110 Verano en English Creek, **Ivan Doig**
111 La estratagema, **Léa Cohen**
112 Bajo una estrella cruel, **Heda Margolius Kovály**
113 Un paraíso inalcanzable, **John Mortimer**
114 El pequeño guardia rojo, **Wenguang Huang**
115 El fiel Ruslán, **Gueorgui Vladímov**
116 Todo lo que una tarde murió con las bicicletas, **Llucia Ramis**
117 El prestamista, **Edward Lewis Wallant**
118 Coral Glynn, **Peter Cameron**
119 La rata en llamas, **George V. Higgins**
120 El rey de los tejones, **Philip Hensher**
121 El complot mongol, **Rafael Bernal**
122 Diario de una dama de provincias, **E. M. Delafield**
123 El estandarte, **Alexander Lernet-Holenia**
124 Espíritu festivo, **Robertson Davies**
125 El regreso de Titmuss, **John Mortimer**
126 De París a Monastir, **Gaziel**
127 ¡Melisande! ¿Qué son los sueños?, **Hillel Halkin**
128 Qué fue de Sophie Wilder, **Christopher R. Beha**
129 Vamos a calentar el sol, **José Mauro de Vasconcelos**
130 Familia, **Ba Jin**
131 La dama de provincias prospera, **E.M. Delafield**
132 Monasterio, **Eduardo Halfon**
133 Nobles y rebeldes, **Jessica Mitford**
134 El expreso de Tokio, **Seicho Matsumoto**
135 Canciones de amor a quemarropa, **Nickolas Butler**
136 K. L. Reich, **Joaquim Amat-Piniella**
137 Las dos señoras Grenville, **Dominick Dunne**
138 Big Time: la gran vida de Perico Vidal, **Marcos Ordóñez**
139 La quinta esquina, **Izraíl Métter**
140 Trilogía Las grandes familias, **Maurice Druon**
141 El libro de Jonah, **Joshua Max Feldman**
142 Cuando yunque, yunque. Cuando martillo, martillo, **Augusto Assía**
143 El padre infiel, **Antonio Scurati**
144 Una mujer de recursos, **Elizabeth Forsythe Hailey**
145 Vente a casa, **Jordi Nopca**
146 Memoria por correspondencia, **Emma Reyes**

147 Alguien, **Alice McDermott**
148 Comedia con fantasmas, **Marcos Ordóñez**
149 Tantos días felices, **Laurie Colwin**
150 Aquella tarde dorada, **Peter Cameron**
151 Signor Hoffman, **Eduardo Halfon**
152 Montecristo, **Martin Suter**
153 Asesinato y ánimas en pena, **Robertson Davies**
154 Pequeño fracaso, **Gary Shteyngart**
155 Sheila Levine está muerta y vive en Nueva York, **Gail Parent**
156 Adiós en azul, **John D. MacDonald**
157 La vuelta del torno, **Henry James**
158 Juegos reunidos, **Marcos Ordóñez**
159 El hermano del famoso Jack, **Barbara Trapido**
160 Viaje a la aldea del crimen, **Ramón J. Sender**
161 Departamento de especulaciones, **Jenny Offill**
162 Yo sé por qué canta el pájaro enjaulado, **Maya Angelou**
163 Qué pequeño es el mundo, **Martin Suter**
164 Muerte de un hombre feliz, **Giorgio Fontana**
165 Un hombre astuto, **Robertson Davies**
166 Cómo se hizo La guerra de los zombis, **Aleksandar Hemon**
167 Un amor que destruye ciudades, **Eileen Chang**
168 De noche, bajo el puente de piedra, **Leo Perutz**
169 Asamblea ordinaria, **Julio Fajardo Herrero**
170 A contraluz, **Rachel Cusk**
171 Años salvajes, **William Finnegan**
172 Pesadilla en rosa, **John D. MacDonald**
173 Morir en primavera, **Ralf Rothmann**
174 Una temporada en el purgatorio, **Dominick Dunne**
175 Felicidad familiar, **Laurie Colwin**
176 La uruguaya, **Pedro Mairal**
177 Yugoslavia, mi tierra, **Goran Vojnović**
178 Tiene que ser aquí, **Maggie O'Farrell**
179 El maestro del juicio final, **Leo Perutz**
180 Detrás del hielo, **Marcos Ordóñez**
181 El meteorólogo, **Olivier Rolin**
182 La chica de Kyushu, **Seicho Matsumoto**
183 La acusación, **Bandi**
184 El gran salto, **Jonathan Lee**
185 Duelo, **Eduardo Halfon**
186 Sylvia, **Leonard Michaels**
187 El corazón de los hombres, **Nickolas Butler**
188 Tres periodistas en la revolución de Asturias, **Manuel Chaves Nogales, José Díaz Fernández, Josep Pla**
189 Tránsito, **Rachel Cusk**
190 Al caer la luz, **Jay McInerney**
191 Por ley superior, **Giorgio Fontana**
192 Un debut en la vida, **Anita Brookner**

193 El tiempo regalado, **Andrea Köhler**
194 La señora Fletcher, **Tom Perrotta**
195 La catedral y el niño, **Eduardo Blanco Amor**
196 La primera mano que sostuvo la mía, **Maggie O'Farrell**
197 Las posesiones, **Llucia Ramis**
198 Una noche con Sabrina Love, **Pedro Mairal**
199 La novena hora, **Alice McDermott**
200 Luz de juventud, **Ralf Rothmann**
201 Stop-Time, **Frank Conroy**
202 Prestigio, **Rachel Cusk**
203 Operación Masacre, **Rodolfo Walsh**
204 Un fin de semana, **Peter Cameron**
205 Historias reales, **Helen Garner**
206 Comimos y bebimos. Notas sobre cocina y vida, **Ignacio Peyró**
207 La buena vida, **Jay McInerney**
208 Nada más real que un cuerpo, **Alexandria Marzano-Lesnevich**
209 Nuestras riquezas, **Kaouther Adimi**
210 El año del hambre, **Aki Ollikainen**
211 El sermón del fuego, **Jamie Quatro**
212 En la mitad de la vida, **Kieran Setiya**
213 Sigo aquí, **Maggie O'Farrell**
214 Claus y Lucas, **Agota Kristof**
215 Maniobras de evasión, **Pedro Mairal**
216 Rialto, 11, **Belén Rubiano**
217 Los sueños de Einstein, **Alan Lightman**
218 Mi madre era de Mariúpol, **Natascha Wodin**
219 Una mujer inoportuna, **Dominick Dunne**
220 No cerramos en agosto, **Eduard Palomares**
221 El final del affaire, **Graham Greene**
222 El embalse 13, **Jon McGregor**
223 Frankenstein en Bagdad, **Ahmed Saadawi**
224 El boxeador polaco, **Eduardo Halfon**
225 Los naufragios del corazón, **Benoîte Groult**
226 Crac, **Jean Rolin**
227 Unas vacaciones en invierno, **Bernard MacLaverty**
228 Teoría de la gravedad, **Leila Guerriero**
229 Incienso, **Eileen Chang**
230 Ríos, **Martin Michael Driessen**
231 Algo en lo que creer, **Nickolas Butler**
232 Ninguno de nosotros volverá, **Charlotte Delbo**
233 La última copa, **Daniel Schreiber**
234 A su imagen, **Jérôme Ferrari**
235 La gran fortuna, **Olivia Manning**
236 Todo en vano, **Walter Kempowski**
237 En otro país, **David Constantine**
238 Despojos, **Rachel Cusk**

239 El revés de la trama, **Graham Greene**
240 Alimentar a la bestia, **Al Alvarez**
241 Adiós fantasmas, **Nadia Terranova**
242 Hombres en mi situación, **Per Petterson**
243 Ya sentarás cabeza, **Ignacio Peyró**
244 El evangelio de las anguilas, **Patrik Svensson**
245 Clima, **Jenny Offill**
246 Vidas breves, **Anita Brookner**
247 Canción, **Eduardo Halfon**
248 Piedras en el bolsillo, **Kaouther Adimi**
249 Cuaderno de memorias coloniales, **Isabela Figueiredo**
250 Hamnet, **Maggie O'Farrell**
251 Salvatierra, **Pedro Mairal**
252 Asombro y desencanto, **Jorge Bustos**
253 Días de luz y esplendor, **Jay McInerney**
254 Valle inquietante, **Anna Wiener**
255 Los días perfectos, **Jacobo Bergareche**
256 Un domingo en Ville-d'Avray, **Dominique Barbéris**
257 Los últimos balleneros, **Doug Bock Clark**
258 Friday Black, **Nana Kwame Adjei-Brenyah**
259 Lejos de Egipto, **André Aciman**
260 Sola, **Carlota Gurt**
261 Ayer, **Agota Kristof**
262 Segunda casa, **Rachel Cusk**
263 Cosas, **Castelao**
264 El gran farol, **Maria Konnikova**
265 Sensación térmica, **Mayte López**
266 Un lugar desconocido, **Seicho Matsumoto**
267 Piedra, papel, tijera, **Maxim Ósipov**
268 El mal dormir, **David Jiménez Torres**
269 Gallinas, **Jackie Polzin**
270 El festín del amor, **Charles Baxter**
271 Buena suerte, **Nickolas Butler**
272 Brighton Rock, **Graham Greene**
273 Vivir con nuestros muertos, **Delphine Horvilleur**
274 Lo que pasa de noche, **Peter Cameron**
275 Fieras familiares, **Andrés Cota Hiriart**
276 Vista Chinesa, **Tatiana Salem Levy**
277 Los Effinger, **Gabriele Tergit**
278 No me acuerdo de nada, **Nora Ephron**
279 La ciudad expoliada, **Olivia Manning**
280 Antes del salto, **Marta San Miguel**
281 Un hijo cualquiera, **Eduardo Halfon**
282 La promesa, **Damon Galgut**
283 La palabra para rojo, **Jon McGregor**